ビジネスと人生に飛躍をもたらす

# 使命の本質

ビジネスと人生に飛躍をもたらす　**使命の本質　目次**

# はじめに


人生で一番大切なことは使命　018
激動の時代を乗り切るために必要なものが使命　020
ユダヤと使命　022
初めて使命の全貌が解き明かされた　026
イノベーターたちが使命の大事さに気づき始めた　028
自己紹介　030
ドラッカー、松下幸之助も使命が大切だと認識していた　034
［本書で得られるもの］　036


# 1 使命の本質


使命とは　038

使命の本質6つの視点 040
①世の中を良い方向に永続的に変革する 042
②天国のような良い環境を創る 044
③7つの富を拡大する（真の富を拡大する） 046
7つの富をバランスよく拡大する 048
7つの富 050
お金は使命のために使うもの 056
④正しいマインドセットを身につける 058
成功の基本3原則 060
正しいマインドセットと間違ったマインドセット 062
愛されていることに気づく 064
⑤正しいマインドセットを拡大する 066
AIにもマインドセットがある 068
主体性があると幸せになる 070
⑥間違ったものを正しいものにしていく 072
間違い例 074

成功概念の間違い 076
真の成功のイメージ 078
真の成功と偽りの成功 080
成功の光と影 082
「宗教的」に注意 084
世俗的使命と宗教的使命の間違い 086
自分の力で自分を高めようという欲は最強の煩悩？ 088
［あなたを使命に導く言葉 1］ 090

## 2 自分の使命を知る

性格から使命を知る 092
4つの性格タイプ 094
性格タイプ別 得意な業務と苦手な業務 096
自分の使命を知る6つのアプローチ 100
使命に進むには 102

性格タイプ別　使命の本質を知った時のパターン　104
使命は性格・才能・役割を考慮する　106
歴史上の偉人たちの使命と使命を知るプロセス　108
経団連事務総長の使命　110
【あなたを使命に導く言葉　2】　114

# 3 仕事の本質

仕事と遊びと社会貢献が一体となったもの　116
間違った仕事の解釈　118
仕事は楽しいもの　120
仕事は尊く豊かなもの　122
間違ったワーク・ライフ・バランス　124
使命はチームで達成するもの　126
個人主義はチームを破壊する？　128
自分の役割と他人の役割をつなぐ　130

日本と欧米の仕事に対する価値観の差 132
サーバントリーダー 134
ヒトデ型のチームを作る 136
使命には権威が与えられている 138
突破口を開ける 140
相続対策が仕事になると 142
広告からPRに 144
富裕国があっという間に破綻国に 146
ベーシックインカムは良いものか？　民主主義はまだきていない？ 150
［あなたを使命に導く言葉　3］ 152

# 4 使命経営・帝王学

理念経営から使命経営へ 154
コダックと富士フイルムの差 158
100年企業の8割は日本企業 160

使命経営とスタートアップ 162
column 明暗を分けたもの 164
真の帝王学 168
真の帝王学を習得してできること 170
自分が賞賛されないようにする 172
王は自分でなるものではない 174
権威の大切さ 176
権威に対して敬意を持つ 178
権威の本質 180
子供を認めることの大切さ 182
教育の本質 184
王子・王女を整える 186
人生で一番大切なことは天とともに歩むこと 190
[あなたを使命に導く言葉 4] 192

# 5 使命の特徴

使命は飛躍　194
愛が動機　196
使命は自然体　198
使命のパターン　200
使命は多様性・使命は廃れない　202
何が使命ではないか　204
使命は社長になることではない　206
自立と自己責任　208
第3の豊かさ　210
幸せになることが使命　212
言いたいことを言い、やりたいことをやるのが使命　214
ブタに真珠　216
column オーラゼロの男　218
【あなたを使命に導く言葉　5】　220

# 6 使命に進む

使命は奇跡が当たり前 222
column 奇跡的に10億円を守る 224
自己中心にならない 226
頑張るのではなく自分の責任を全うする 228
宗教的にならない 230
使命に進むと知恵が与えられる 232
使命の偽物 234
与えられている領域 236
人助けの罠に注意 238
column 使命に生きた人々 240
・ドラッカーが一番重視したのが使命 240
・スティーブ・ジョブズは米国で最大のイノベーター 242
・ライト兄弟の使命「人類が空を飛べれば世界を変えることができる」 244
・松下幸之助 水道哲学 248

・日野原重明　100歳を超えても現役　250
【あなたを使命に導く言葉　6】　252

# 7 使命が全ての問題を解決する

時代の転換期　254
人生100年時代　256
年金不足問題　258
使命は元気で長生きの秘訣　260
働き方改革　262
AIが作業を代替していく　264
人にしかできないこと　266
クリエイティブの時代　268
SDGs《エスディージーズ》（持続可能な開発目標）は使命そのもの　270
最高の景気政策　274
国際競争の時代　276

日本に世界最先端の文化都市を 278
【あなたを使命に導く言葉 7】 280

# 8 使命はイノベーションをもたらす

使命はイノベーションをもたらす 282
国を変えるのは地方から 284
共通の悩みは財政問題 286
実際の税外収入例 288
日本の問題 290
使命に基づく世界観 292
渋谷区のイノベーション 296
バングラデシュを変革したファッションブランド 298
工業素材の歴史上最も大きなイノベーション 300
豆腐のイノベーション 302
行動の時代 304

［あなたを使命に導く言葉　8］ 306

# 9 お金・投資と使命

経済的自立が一番の危機管理 308
お金の管理・運用・投資でテストされる 310
大衆心理で投資してはいけない 312
ほとんど全ての人が間違えている投資の勉強方法 314
投資の王道 318
その時々に一番美味しい投資をする 320
大きなお金を受け取る器になる 322
与えるコミュニティ 324
大金を失う意味を知る 326
激動の時代は知識を得て準備した人に富が移動する 328
ユダヤの歴史が世界と相場を動かす 330
［あなたを使命に導く言葉　9］ 332

## 10 激動の時代は使命に進むチャンス

激動の時代は使命に進むチャンス 334
災害にはヒントがある 336
試練の意味と価値を知る 338
恐れてはいけない 342
大人になる 344
真理は人を自由にする・人を励まし建て上げる 346
役割から使命を知る 348
【あなたを使命に導く言葉 10】 350

## あとがき

創造的な日本文化が世界を変える 352
特典・使命拡大のチーム募集 356

## 巻末付録　4つの性格タイプの特徴

獅子タイプの特徴 360
雄牛タイプの特徴 362
人タイプの特徴 364
鷲タイプの特徴 366

装丁　秦　浩司（hatagram）

# はじめに

# 「人生で一番大切なことは使命」

新型ウイルス騒動以降、皆が生き方について考えるようになりました。

どう生きるかは人の本質部分ですが、使命は人の本質そのもので飛躍をもたらします。

「使命」という言葉を聞くと、自分の好きなこと、やりたいことだと思う人や、運命や宿命といった堅苦しい重いもの、自己犠牲的なものだと思う人もいらっしゃいますが、どちらも本来の使命の概念とは違います。

**使命は人生の目的であり、真の成功、最高の人生の秘訣《ひけつ》です。**

**そして、使命は生まれる前に与えられているので、気づくものです。**

**人が自分の使命に気づき、それに向かって歩む時、多くの富が得られます。**

**様々な助けや充実感が得られ、感謝され、あなたとあなたの周りが良い方向に変革していくのです。**

経営においては経営理念が大切と思っている人がほとんどですが、経営理念が使命的ではない会社がとても多く、使命に基づく経営「使命経営」でない会社の存続が危ぶまれてきています。

写真フィルムの激減によりコダックは破産しましたが、富士フイルムが業種転向し化粧品や薬などで業績を伸ばしているのは、経営理念が使命的かどうかの差だと思います。

**使命は単なる精神論ではなく、具体的な知恵や世の中に革新を起こす考え方と行動に至るもので、とてもイノベーティブであり、サステイナブルで人類の希望なのです。**

人生で一番大切なことが使命ですが、人生で一番大切ということは当然ながら全ての人が知っていなければいけないにもかかわらず、使命の大切さや使命の本質が分からない状態がずっと続いてきました。

使命はシンプルですが、人の本質なのでかなり深いものです。本書では使命の本質について初めて基本的な全体像を分かりやすく、そして具体的に解き明かしました。

**今の激動の時代は、私たち、いえ人類が使命なくしては存続できないのだと思います。**

## 「激動の時代を乗り切るために必要なものが使命」

激動の時代は様々な試練の時です。強毒性の新型ウイルスが流行し、不安や恐れの感情を持ったり、極端に収入が落ちたり、金融危機により資産や年金がなくなったり、戦争があったり、会社が倒産することも当たり前です。

**世界的に試練の多い時代ですが、それは今までの的外れな方向から的を射た方向、つまり使命の方向に転換を促されていることであり、本来の姿に戻るチャンスです。一人ひとりが使命の方向に転換する時であり、経営であれば、今までの経営理念を見直し、使命経営に転換する時です。**

使命とは自然体であり、本来の姿です。

今まで仕事は辛《つら》いことだと思っていた人が、仕事は楽しいものと思うような転換だったり、ステップアップだったりします。

現在、日本と世界は次のような多くの問題や課題を抱えていますが、これらの唯一の解決方法が使命なのです。

**・人生100年時代の到来**
**・年金不足問題**
**・働き方改革**
**・AIに仕事を奪われる**
**・SDGs《エスディージーズ》＝持続可能な社会**

今の激動の時代に使命がこうして日本で解き明かされ書籍となり、その本質が公開されたのには意味があると思います。そして、世界で初めて使命の本質が文章化されたことが人類の大きな転機になるのだと思います。

**実は使命は最新であり最古のものです。人類の最初から存在する概念であり、ユダヤの基本的な考え方や歴史とも密接な関係があります。**

## 「ユダヤと使命」

ユダヤ人には使命について深い洞察があります。

ユダヤ人は世界の人口の0・2％程度の少数民族ですが、世界の大富豪の多く、そしてノーベル賞受賞者の約22％はユダヤ人です。有名なユダヤ人としては、アインシュタイン、スピルバーグ、マルクス、フロイトなどがいます。

**偉人を輩出してきた理由は一般的にはスキルばかり注目されていますが、実際には明文化されてはいないものの、使命の基本概念を理解しているからだと思います。**

経営コンサルタントとして世界的な権威であるピーター・ドラッカーもユダヤ人であり、彼も使命が一番大切だと断言しています。

昔から日本にはシルクロードを通して多くのユダヤ人が入ってきています。

ユダヤ人の考え方は聖書に基づいています。

日本人にとって聖書は欧米の文化だと思い違和感を持つ人もいらっしゃいますが、実際にはそこに書かれている原理原則は欧米文化ではなく、日本文化なのです。

**次の比較を見ていただくと、日本文化と欧米文化の差が明確になります。**

| □日本文化 | □欧米文化 |
| --- | --- |
| ○共存共栄 | ×弱肉強食 |
| ○利他の精神 | ×自己中心 |
| ○和をもって貴しとなす | ×正義という名の戦争 |
| ○使命に生きる | ×真理を自分の成功に使う |
| ○天に生かされている | ×自分の力で勝ち取る |
| ○自然との調和 | ×自然を支配 |

日本文化は聖書的であり、それゆえ日本人は使命や天職に憧れを持つ人が多いのだと思います。

違和感があるとすると、聖書が日本語に訳される時の間違いが、その原因の一つだと思います。

和訳する時に創造主を神と訳したのですが、日本では創造主は神ではなく天という言葉に相当し、神は八百万《やおよろず》の神なのです。

**日本人は天という言葉が身近にあり、慣れ親しんでいます。天才・天職・天気・天与・天寿・天命・天下・天道・天空・天然・天皇・楽天など、身近に天という言葉が沢山《たくさん》あり、天に対して違和感がありません。**

天才は、天から授かった才能
天職は、天から授かった職業
天気は、天の気分
天与は、天が与えたもの
お天道様が見ているという表現もあります。

使命は明確に言語化されてなくてもユダヤ人の根幹にある概念です。
本書では、聖書に書いてある使命の概念を分かりやすく解明し、基本的な使命の全体像を示すとともに、仕事の実務にも使えるように実践的視点も入れました。

使命は人生で一番大切なことであり、聖書の根幹部分であるにもかかわらず、今まで明らかにされてこなかったものです。

今、こうして使命の本質が公開されたのは、時代が追いついたからなのだと思います。今までも使命の本質について理解した人はいたと思いますが、時代が追いついていなくて、その概念が忘れられていったのでしょう。

今の激動の時代は、人類の歴史の中で、一人ひとりが自分の使命を知り使命の本質を理解することで、人類が良い方向に向かう大きな転換期なのだと思います。

**今の時代に違和感や閉塞感を持っている人にとっては、その答えがここにあります。**

**この本を手にしたあなたは、人類の歴史が始まって以来の、真の成功の原則を手に入れたことになります。**

# 「初めて使命の全貌が解き明かされた」

人生で一番大切なことが使命であるにもかかわらず、世の中には、その認識がありませんでした。本来、皆が知っているような当たり前のことなのに、「人生で一番大切なことは使命」だということが分からない混乱に陥っていたのです。

また、ビジネスの世界では、スキルや戦略よりマインドセット（考え方）が大事だといわれているものの、何が正しいマインドセットかが分からない混乱に陥っています。**実は使命に基づくマインドセットが正しいマインドセットなのです。**

今、やっと使命の本質を理解できる時代になったと思います。

あなたが使命に立ち返ることを時代が求めています。

自分の使命を知り、正しい使命の本質を理解することで、あなたと、あなたの周りが良い方向に変革するだけではなく、日本と世界が良い方向に変革していくのです。

**本書は何度読んでも新しい発見があると思います。**

なぜなら、分かりやすく書いたものの次のような要素があるからです。
・世界で誰も言ってなかったこと
・今まで当たり前だと思っていたことの反対のこと
・奥深いこと（人の本質）
お読みいただいた方の状況、経験値、理解度などにより、よく理解できる部分が異なるために、一回読んだだけで使命の本質の全てを正しく理解できる人は少ないと思います。理解したと思った人も、是非、読み直してみてください。一行さらりと書いた内容が、実に奥深いところがいくつもあります。
成長とともに正しく認識できる部分が広がっていくでしょう。

**一般の人に理解しやすいところだけを書籍にすることもできましたが、誤解を恐れずに使命のほぼ全体像を書いたため、ある人には宗教的に見えるかもしれませんし、ある人には世俗的に見えるかもしれません。**
**しかし、使命は宗教的でも世俗的でもありません。**

**使命は今までの概念を覆すイノベーションなのです。**

## 「イノベーターたちが使命の大事さに気づき始めた」

**現在、一部のイノベーターたちが使命の大切さに気づき始めています。**

先日、有力なマーケターの方と打ち合わせをしたところ、彼は「1週間前に急に使命が大切だと気づいたので使命を知る講座に申し込んだ」という話をされました。すかさず、使命を知る講座の最高峰はうちの講座だという話をしたのですが、そのくらい突然、人々が使命の大切さに気づきだしているのです。

特にマーケターは、時代を先取りする必要があるので、使命に敏感に反応することになります。

使命は、これから大きなムーブメントになって、あなたと日本と世界を良い方向に変えていくことになると思います。

イノベーションとは、これまで当たり前だったものに対して、本当にそうなのかと疑問を抱き、新しい常識を作ることです。

使命は、まさしく今まで当たり前と思っていたことの正反対であることも多いです。

例えば、「努力して自分の目標を成し遂げることが大切」という概念が当たり前になっていますが、この考えだと自己中心になりやすいので「自分に与えられた責任を全うすることが大切」に置き換える必要があります。

「仕事は生活の糧を得るもので苦役」ではなく、「仕事は喜びであり、相手に喜ばれるので社会貢献となり、感謝されることで充実感を得ながら収益を上げること」です。そして仕事は使命です。

**本書には今まで常識と思っていたことの反対が沢山書いてありますが、イノベーションとはそういうものです。**

**もちろん、仕事やイノベーションとは無縁の方にも使命は極めて大切です。**

**私たちが「人を愛し健全に生きること、日々喜んでいること」も使命の大事な本質の一つだからです。**

**子育てにも一番大切なことであり、全ての人に一番大切なことが使命なのです。**

# 自己紹介

はじめまして、松島修です。

エフピーネット株式会社の代表取締役をしており、事業としては「投資助言・投資スクール」と「使命に基づく経営コンサルティング・企業研修」をしています。

「投資助言・投資スクール」では、実践的なお金のリテラシーの習得から元チーフトレーダー集団による本格的な投資助言を行っており、日本でも有数の顧客数を誇ります。資金を預からず、投資商品等の販売や紹介ではなく、お客様ご自身の口座において、流動性の高い市場での運用アドバイス業です。

「使命に基づく経営コンサルティング・企業研修」では、使命を明確化することによる自分の使命を知るＷＥＢ講座「MISSIONコーチングオンライン講座」や使命経営・真の帝王学についてのコンサルティング、大手財閥系一部上場会社の社員研修等を行っています。

テレビ東京の番組に何度もコメンテーターとして出演しているので、テレビでご覧になった方もいらっしゃるかもしれません。

私と私の会社の使命は、皆さんの７つの富（真の富）を拡大することです。

そして「7つの富を拡大すること」は使命の本質の一つです。

私の父は会計検査院の調査官でした。母は日銀に勤め、日銀総裁だった速水優《はやみまさる》氏（故人）と同期入行です。

父は、会計検査院で調査先の不正を見つけるのが得意で、バンバン不正を発見しました。調査先は公的機関なので懲戒免職になる公務員が多数出ることになります。

上司から、今回の調査先は手加減するように言われることもあったのですが、手加減しませんでした。

ある時、父は上司に呼び出され「松島君は仕事をしなくてよい」と言われ、その後独立し、日本の高度成長期の右肩上がりの不動産業に転換したのです。

私が小学校に入る前、父は実の妹に騙《だま》され大金を失ったことから仕事をする気が失《う》せてしまい、物心ついてからは父が働いている姿を見たことがありません。土地を時価で買って加工もせずに時価で売るだけが仕事です。税金の都合から長期譲渡とするために保有するので最短でも売るまでに5年かかります。たまに土地を見に行く時は、ドライブに行こうと言われて一緒に行ったことが記憶にあります。

父の口ぐせは「サンデー毎日」（毎日が日曜日）でした。

私が小学生の時、正月明けの1月5日に父が「今年の仕事は終わった」と言っていたので、そのことを日記に書いたら担任の先生がひどく驚いたことを覚えています。年明け早々に今年の仕事が終わったと聞いたら、それは驚きます。

長期譲渡にするために、土地売買の登記を年明けにしたため、1月5日になったのです。不動産業と聞くと安定した家賃収入があっただろうと思われますが、父は基本的に仕事をしないので家賃収入はありませんし面倒だからと仲介業務もしないので、ほぼ土地の長期売買だけで生活していたのです。

その時に私が学んだことは、「仕事は時代の大きなトレンドに乗ることが大切」だということです。

父が使命的であったとは思いませんが、社会の大きなトレンドに乗ることに使命の本質の一部があります。

私がお金・資産・投資アドバイス、そして使命について語ることができるのは、父のライフスタイルを見てきたことと、両親の金融DNAによるものが大きいと思います。

私が1990年に独立し、不動産や資産・投資のアドバイス業をしていく中でも、大きな視点でアドバイスしたり、リーマンショックの前年、日本株の大天井の時、6月8日から全ての投資を止めましょうと事前に言えたのは、父のおかげだと思います。

本書の使命の概念は聖書をベースにしています（両親は神道でした）。

私は理系であり、大学では電気工学を専攻しました。

学生時代から宗教嫌い、聖書嫌いで、聖書の嘘を暴くために聖書を読み始めましたが、確かに真理が書いてあることが分かり聖書肯定派となりました。といっても宗教的なものは、今でも相変わらず嫌いです。

聖書に書いてある一番の根幹部分、そして人生で一番大切なことが使命なのですが、今まで何千年間も一番大事な真理の真ん中が抜けていたのです。

今までに4冊、本を書きましたが、どれも使命や富を拡大するための本で、今回は使命について直球で書きました。

**今、使命の大きなトレンドがきていると思います。**

**そして時代に乗るのではなく時代を創る時だと思っています。**

**どうぞ、皆さんにも使命の大きなトレンドに乗ること、いえ、トレンドを創っていただくことをお勧めいたします。**

## 「ドラッカー、松下幸之助も使命が大切だと認識していた」

経営コンサルタントの権威であるピーター・ドラッカー氏や、偉大な経営者といわれる松下電器（現パナソニック）の創業者の松下幸之助氏が、ビジネスで成功するために使命の大事さを強調しています。

ピーター・ドラッカー
「第一に、社会的機関は明確な使命をもたなければならない。何をしようとしているのか。なぜ存在しているのか」

松下幸之助
「今までは世間の通念通りの商売をやってなんとかうまくいっていたが、次第に、これでは物足りないという気持ちが出てきた。
いったい生産者の使命はなんだろう、こんなことを連日夜遅くまで考えた結果、私なりに一つの信念が生まれた。それは簡単にいうと、この世の貧しさを克服することである。

例えば水道の水はもとより価値のあるものだ。しかし道端の水道を人が飲んでも誰もとがめない。これは水が豊富だからだ。

結局生産者はこの世に物資を満たし、不自由をなくすのが務めではないのか」

世の中には、お金持ちになって成功したように見えるものの気づいたら没落している人や、お金はあるけれども不幸な人が沢山います。

仕事は使命であり、仕事（お金を得ること）と楽しみと社会貢献の3つが一つになったようなものであり、これは人に収入と喜びと充実感をもたらすことになるのです。

**この本を手にしたあなたが幸せになると同時に、日本と世界が良い方向に変革を始めることでしょう。**

**使命には身震いするほどのポテンシャルがあるのです。**

## 本書で得られるもの

・自分の使命の方向性（使命の方向を知る方法）
・本来の生き方（使命の本質の理解）
・真の豊かさ・真の富の理解
・正しいマインドセットの理解
・イノベーションの起こし方
・１００年企業にする方法（使命経営）

# 1 使命の本質

# 「使命とは」

使命の本質が今まで広まっていなかった理由は次のようなものだと思います。
・ほとんど全ての人が世俗的な視点か宗教的な視点に偏っている
・使命は、今までの常識の反対が多い
・使命は、シンプルだが深い概念なので多面的に見ないと全貌が分からない
・使命の全貌が正しく解き明かされていなかった
これらの理由により使命の本質が見えない状態でした。
世俗的な人は「自分は何をしたいか」という視点で使命を認識しようとし、宗教的な人は、「自分は何をすべきか」という運命的・形式的に認識しようとします。どちらも使命の本質からずれます。

**使命の本質は、世俗的でもなく宗教的でもなく、その視点は「どう生きるか」です。会社であれば「どのような事業をするか」です。**

**×何をしたいか（世俗的）**
**×何をすべきか（宗教的）**

## ○どう生きるか（使命的）

世俗的な人の「自分が何をしたいか」は間違っているわけではないものの、次のように自己中心的に捉えてしまい、世の中を永続的に良い方向に変革するという使命の概念とは反対だったり、目的と手段が入れ替わりやすいです。

×ギャンブルが使命
×一部上場の企業の社長になるのが使命
×お金持ちになって影響力を持つことが使命

宗教的な人の「自分は何をすべきか」の視点は、形式的になりがちで使命の本質からずれる可能性が高いです。

×右に行くのが使命なのか、左に行くのが使命なのか
×運命や宿命、自己犠牲といった重いものが使命
×組織を拡大することが使命

世俗的でもなく宗教的でもなく、使命的になることが大切です。

# 「使命の本質6つの視点」

まず、使命の本質を6つの視点で見ていきたいと思います。

**①世の中を良い方向に永続的に変革する**
**②天国のような良い環境を創る**
**③7つの富（真の富）を拡大する**
**④正しいマインドセットを身につける**
**⑤正しいマインドセットを拡大する**
**⑥間違ったものを正しいものにしていく**

使命の本質は極めてシンプルです。

シンプルということは深いということであり様々な分野に適用することができます。たった一つ、使命の本質を理解することで、仕事・お金・生活・遊び・人間関係など本来の姿が分かります。仕事や経営、人間関係などを含めて人生全ての分野で変革が起き、応用できるので、未知のこと、新しいことに対しても、どう対応すればよいか分かるのです。

多くの会社の経営理念が使命的ではなく的外れなのですが、気づかれません。その原因は、使命を理解しないことから、どのような理念が良いのか分からずに経営理念を作ったからです。使命の本質を理解すれば、的を射た経営理念となります（4章で詳しく説明します）。

シンプルなものが深いのに対して、複雑なものは奥深く見えるだけで、実際は浅いことを隠すために複雑になっていることが多いです。

むしろ、混乱を生み出し、何が正しいか、何が間違っているかが分からなくなるのです。世の中には簡単なことが難しくなっていることが多いのですが、これを解消するのも使命です。

使命を多面的に見ていくことで理解が進むので、まずこの6つの切り口で解説します。

## 「①世の中を良い方向に永続的に変革する」

使命の本質を一言で表現した時に一番分かりやすいものの一つが「世の中を良い方向に永続的に変革していくこと」です。

使命は、社会に良いインパクトを与えるものです。自分の利益のための、自己中心的な考え方とは根底から異なります。

使命は社会貢献に見えるかもしれません。しかし、社会貢献的ではありますが、社会貢献ではありません。また、ボランティアとも違います。

**使命は仕事の意味合いが強く、世の中になくてはならない大事な仕事という概念です。**

そもそも仕事は使命であり、社会を良い方向に変革していくものなのです。

相手に価値があるものを提供して、その見返りに代価を受け取るのが仕事だからです。

そして、使命は自分の代だけ、一時的な繁栄を求めることでもありません。

「サステイナブル」という考え方と共通部分があります。

サステイナブルとは、自分たちの世代で地球環境を破壊してしまうことなく、後の世代のことを考えていくことなので、まさしく使命はサステイナブルです。

一人ひとりに使命があるように、企業にも使命があります。

使命はチームで成し遂げていくものなので、企業は使命に進むチームです。

チームになることによって、一人の力ではできない、大きな良いインパクトを与えることができます。

**世の中を永続的に良い方向に変革するような企業は、人々から必要とされ存在価値を持つことになり企業の成功が継続することになります。**

**会社の寿命は30年ともいわれますが、価値があるものを継続的に提供することで企業は継続して繁栄することになります。**

## ②天国のような良い環境を創る

**「世の中を良い方向に永続的に変革する」という視点を言い換えると「天国のような良い環境を創る」という概念になります。**

**これは、松下幸之助氏が言う「この世にユートピアを建設する」という水道哲学と同じです。**

天国のような良い環境を創るということは、この地上を正しく管理していくことであり、それは全人類の使命であり責任です。

最近の言葉にするとSDGs《エスディージーズ》（持続可能な社会）に相当することになります。

各自が自己中心的に自分だけが幸せになるのではなく、自分の周り、家族・友人・知人・地域・国・世界も幸せになっていくこと、そして一人ひとりが与えられた領域、政治・経済・メディア・教育・スポーツ・芸術など、社会の様々な分野をより良く変革していくことが使命なのです。

**ここで、とても大事なことですが、天国のような良い環境を創るということは自分の周辺環境を良くするだけではなく、自分自身の品性を高めることも含まれます。**

品性とは道徳的な視点から見た、その人の性格です。

すなわち、自分の外側と内面に良い環境を創ることが使命なのです。自分の内面に目を向けずに世の中を良くしようと思っても、バランスを欠くことになります。

**私たちが高い品性を身につけていくこと、愛を与えることも大事な使命です。**

**私たちの周りを豊かにし、そして私たち自身が豊かになる、つまり豊かさや富が溢《あふ》れることを目指すのです。**

## ③ 7つの富を拡大する（真の富を拡大する）®

富は豊かさの象徴です。「富」と聞くと、多くの方は、お金・株・ゴールド・宝石などの資産をイメージすると思います。

確かにこれらも「富」ですが、「真の富」の一部でしかありません。

**「真の富」とは次のような7つの富を全て合わせたものになります。**

**①お金などの資産**
**②才能**
**③知恵**
**④愛情（家族や友人、周囲の人間関係）**
**⑤環境（生まれ育ち、経験）**
**⑥自分という富（健康・品性）**
**⑦使命**

この7つ全て合わせて富であり、7つの富をバランスよく拡大していくことが使命の本質です。

7つの富をバランスよく拡大することで、人は幸せになります。

7つの富という概念は、今まで世界で誰も言ってこなかったことですが、まさしく使命の本質を表現しています。

**私たちが真に豊かに幸せな人生を送ることも使命だからです。**

それだけではなく、7つの富は使命と富の関係が分かったり、その人が使命に進んでいるかどうかや、使命に進む上で足りない部分が分かる基本的な考え方です。

例えば、次のような状況であれば使命に進んでいないか、7つの富のどれかが足りないことになります。

・お金持ちだけれども品性が良くない・嫌われている・家族の仲が悪い
・才能・能力を活かしていない
・世の中を良い方向にするために財産を活用していない
・財産はあるが、知恵を使ってない
・イノベーティブだが、家族関係は悪い
・知恵が与えられているのに使っていない
・幸せ感が少ない・喜びが少ない

## 「Ⓡ7つの富をバランスよく拡大する」

お金持ちなのに不幸だという人たちがいますが、これは富のバランスが悪いからです。

例えば、一般的には次のようなことが多いです。

・お金を稼ぐために家族を犠牲にする

・お金を目的にして品性を落とす

家族を犠牲にしたり、自己中心的に品性を落として、お金という富を増やしても、大事な富である家族や品性が傷ついたり低下したりするのです。

結果的にお金は増えたものの富の合計は増えない、あるいはマイナスになってしまうことが多いです。

**お金持ちであるのに不幸になってしまうのは「真の富」の概念が欠如しているからです。**

一方で、お金はあるけどその他の富が劣化している人を見たことから、成功を求めてはいけないという人もいます。

**「お金は人をだめにするので清貧が良い」「貧乏でなければ清くなれない」という考え方ですが、これも間違いです。**

**貧すれば鈍すという言葉もあるように、貧乏によって清さを失ったり、富を持つ者をねたんだり、批判的な人生になる傾向があります。**

私たちは7つの富全てをバランスよく拡大することが大事で、それが使命です。

また例えば親から莫大《ばくだい》な財産を相続しても、その使い道を誤れば、一瞬で失うこともあるでしょう。それも「知恵」という富が欠けていたことが原因です。

また、莫大な財産を維持することが仕事になってしまっても、使命から遠ざかり貧困を招きます。

**7つの富（真の富）をバランスよく拡大すること、つまり真の豊かさを得ることが人生の目的・使命です。**

**初めて聞く概念になりますが、極めて大事な概念です。**

## Ⓡ 7つの富

7つの富のそれぞれと、使命に進むと富がどのように拡大するか見ていきます。

①お金などの資産

これは分かりやすい、お金や株・金《ゴールド》・宝石・不動産など目に見える富です。

使命は仕事でもあり、仕事のためにお金などを使うと何倍にもなって返ってきます。仕事は顧客に価値のあるものを提供した代価なので使命的な事業は拡大し、お金は増えていきます。

事業をしていない人も、お金を使命のために使うことで反対にお金が増えたり、お金は増えなくても他の富が拡大し幸福な人生に導かれます。幸福な人生は富です。

②才能

私たちに与えられている才能は富を生み出す源泉です。

与えられている才能を発揮することは簡単で収入も大きくなります。

使命に進むことで才能を使い、才能は使えば使うほど開花していきます。

③知恵
仕事において知恵は突破口を開くので大きな富です。

知恵とは自分では当たり前、他の人も聞けば確かにそうだと思うようなことなのに誰も気づいていなかった、というようなものが多いです。

使命に進もうとする時に知恵が与えられることが多く、また使命に進むことで新たな知恵が与えられていきます。

④愛情（家族や友人、周囲の人間関係）
**人間関係の間には愛があり、愛されること・愛することは大きな富です。**

**使命は愛を与えることであり、愛を与えることで愛は深まり、希望が生み出されます。**

家族は大きな富です。また人間関係、人脈も富です。使命に進むことで良い人脈が拡大し、良い人脈は業績に直結し、応援者も増えていきます。

使命に進むチームは家族のようなものなので、使命に進むことで、親しい家族が増えていく感覚です。それまでの人間関係が、使命への導線であることも多いです。

また、使命に進むと天が応援してくれることが分かり、生かされていること、愛されていることを実感することが多くなります。

⑤環境（生まれ育ち、経験）
私たちが生まれ育った国、教育、学んできた環境や経験したことも富です。

過去に得た経験は役に立ちます。そして使命に進むことで、奇跡的な経験や今まで誰もしたことがないような経験が増え、その経験が次のステップに進むために役立ちます。

使命は単なる精神論ではなく、いたって実務的なものなので過去の経験は大きな富といってよいでしょう。

試練さえも使命の方向に転換したり、品性を磨くという意味で良いものです。

⑥自分という富（健康・品性）
私たちは存在するだけで価値があり、私たち自身が大きな富です。

使命とは自分自身と自分の周りを良い方向に変革することなので、⑥「自分という富」と⑦「使命」は一体のものです。

**愛ある心、良い品性・品格、健康的な体を身につけていくことは大きな富であり、これも使命です。**これは、WHO（世界保健機関）の健康の定義と同じです。

「健康とは、病気でないとか、弱っていないということではなく、肉体的にも、精神的にも、そして社会的にも、全てが満たされた状態にあることです」

この健康の定義は富の概念であり、喜んでいる状態を指します。**私たちが喜んでいること、幸せであることは富であり、それも使命です。**

病床に伏して身動きができない状況であっても、愛を持って感謝の心で正しく喜んで生きることも大切な使命です。

**高い品性や品格、高潔さを身につけることで、天の応援や人の応援が増えます。それも使命であり富の拡大です。**

**皆が災害などで不安や恐怖を感じている時でさえ、平安でいることができるのは、大きな富です。何より真に幸福になることは大きな富です。**

⑦使命

私たちに与えられた最大の富が使命です。

世の中を永続的に良い方向に変革するという、大きな素晴らしい目的が与えられていることは富です。そして、7つの富のうち①から⑤までの富は、使命に向かって進むために存在するといってよいでしょう。

そして、使命に向かって進むと、どんどん自分の才能を発揮でき、あるいはそれを超える知恵やチャンスが得られ、7つの富全部が拡大していきます。

**使命に進むと社会が良くなり富が拡大しますが、私たちは社会の一部なので、それは自分の富も拡大するということです。これは極めて大切な概念です。**

7つの富は成功に直結するもので、それらを拡大することが真の成功です。

仕事は使命なので、使命の概念である7つの富は仕事にも通じます。

顧客の7つの富の拡大を意識することは仕事の基本です。

また、7つの富を拡大すると同時に適切に管理することも大切な使命です。特にお金を適切に管理できる人は他の富も管理できるので大切です。

私たちに与えられた使命は自分も周りの人も予想もしないほど大きなものです。最初は小さいことからのスタートかもしれませんが、使命に進んでいくことで、突然、自分が思いもしない大きな飛躍もあります。

私も、1995年に元日銀総裁の速水優さんと、元IMF（国際通貨基金）理事の山崎《やまざき》髙司《こうじ》さんと、米国大統領の朝食会に参加しました。クリントン大統領から招待状がきたのです。まだ独立したばかりで朝食会に参加することを目標設定にしたわけでもなく、突然、その機会が訪れました。

使命に進む時には、このように自分が予測も想像もできない奇跡的なことが多発するものです。

**そして、この体験は、私にとって使命の大切さやその本質などを気づかせてくれ、使命を体系化するきっかけになったのです。**

# 「お金は使命のために使うもの」

お金は目的ではなく手段だといわれますが、それでは何の手段かと問われると言葉に詰まったり、人それぞれという曖昧な回答が返ってくることが多いです。

そうです。私たちは分かっているつもりで、実は、分かっていないことが多いのです。

お金は使命に進むための手段です。

お金だけではなく、才能・能力・知恵・愛情（人間関係）・環境などは全て、使命に進むためにあります。

**お金は目的ではなく手段なので、お金の使い方でその人の価値観が分かります。お金は稼ぐより使い方が難しく、お金の使い方は、その人の生き方なのです。**

高級レストランで美味しい料理を食べたり、旅行をしたり、人生を楽しむのは良いことです。しかし、本来、お金は使命に向かうために使うことが基本です。

例えば、自分への投資として本を買う・セミナーへ参加する・留学する・パソコンや楽器など必要なツールの購入・子供の教育費なども使命的です。

自分へのご褒美で何かを買うこともよいでしょう。旅行に行って人生を楽しむことも大切なことです。

しかし、自分の見栄やプライドを満たすためにお金を使うのは好ましくありません。他人より高級な家に住むためにお金を使う、他人より高級な車に乗るためにお金を使うのは好ましくありません。人は、一人ひとりユニークな存在なので、そもそも比べる必要がありません。

見栄やプライドのためにお金を使うのは、モノでセルフイメージを上げようとしたり、空虚感をモノで満たそうとすることが多いです。

**相続などで大きな資産を得た人は、世の中を永続的に良い方向に変革するために使うこと、そして使う知恵を求めることが大切です。**

## 「④正しいマインドセットを身につける」

マインドセットとは物事に対する考え方です。教育・経験などから作られる思考パターンや固定化された考え方のことで、**近年では、知識・スキル・戦略より正しいマインドセットが大切だといわれてきました。**

正しいマインドセットを身につけることは、高い品性を身につける、自分を磨くことに相当します。

使命に進むためにも、成功するためにも使命に基づく正しいマインドセットが大事です。使命は人生の全ての分野で重要なことであり、正しいマインドセットも使命の概念からくるのです。使命と正しいマインドセットは表裏一体です。

**正しいマインドセットである・自立する・主体性を持つ・自己責任とする、これらは本来の意味で大人になるということです。**

**そして大人になるとは、使命に進む成熟した人になるという意味になります。**

次の例から正しいマインドセットの大切さが分かります。

お金持ちになりたいと思って医者になった人は、自己中心的になりやすいです。

医療で人を助けたいと思って医者になった人は、使命的であり世の中に良いインパクトを与えることができます。

患者としてどちらの医者にかかりたいかといえば後者で、後者の方が成功がもたらされますし幸福です。この違いは動機がお金か愛かの違いです。

**使命に進むための動機は愛（愛を与えること）である必要があります。**

**正しいマインドセットは愛です。**

**正しいマインドセットを身につけることは、真の成功の秘訣であり、使命に進むための基本です。**

間違ったマインドセットの動機は悪い欲や悪い感情（怒り・ねたみなど）であり、「金持ちになりたい」「貧乏になりたくない」「見返してやりたい」などです。正しいマインドセットでなければ的外れな目標に向かって一生懸命に頑張ることになり、真の成功には結びつきません。

**正しいマインドセットを身につけないと、使命を自己中心的に自分の武器にしてしまうからです。**

# 「成功の基本3原則」

正しいマインドセットを身につける基本的な考え方は、真に成功する原則と同じです。
人が成功するために必要な基本は次の3つです。
①最高の動機
②最高のセルフイメージ
③最高の目的
この3要素を使命の切り口にすると次のようになります。

**□成功の基本3原則**
**①愛されている存在。愛を動機にする**
**②存在だけで価値がある**
**③人生の目的は世の中を良い方向に永続的に変革すること**

**これが人の本質なのです。この3つを合わせたものが成功の基本3原則です。**

この成功の基本3原則は、正しいマインドセットの基本3原則、使命に進むための基本3原則で、ユダヤの教育の基本3原則ということもできるでしょう。

この中でも特に重要なのが、①の「愛されている存在。愛を動機にする」です。

**わたし(天)の目には、あなたは高価で尊い。わたしはあなたを愛している。**

聖書からの引用　イザヤ43・4

親から愛された記憶がなくても、天から愛されているというのが聖書の考え方です。

愛を動機にするとは、愛を与えることです。

愛されているから愛を与えることができるのです。

そして愛することが一番大切なことです。

**たった一つの正しいマインドセットを身につけるだけで、仕事・投資・スポーツ・人間関係など全ての分野で良い結果につながります。**

**極めて大切な正しいマインドセットも、使命と同じく世の中に提示されていませんでした。**

## 「正しいマインドセットと間違ったマインドセット」

正しいマインドセットと間違ったマインドセットは対比すると分かりやすいです。表は読み飛ばしやすいですが、かなり重要なところなのでじっくり見比べてください。この対比をしっかり理解するだけでも大きな価値があります。

| □正しいマインドセット | □間違ったマインドセット |
| --- | --- |
| ○愛されている存在 | ×愛されている感がない |
| ○存在だけで価値がある | ×誰かに認められなくてはいけない |
| ○人生には素晴らしい目的がある | ×人生には目的がない |
| ○使命に生きる | ×自分が設定した目標達成(自己中心的な自己実現) |
| ○自立 | ×依存 |
| ○自分の頭で考える | ×他人の考えに追従 |
| ○自己責任 | ×無責任 |
| ○謙虚 | ×自己卑下 |
| ○自信 | ×プライド |

○利他の精神
○共存共栄
○和をもって貴しとなす
○愛が動機
○高いセルフイメージ・自然体
○天に生かされる
○感謝
○仕事が使命であり楽しい
○富は創造するもの
○人を成功させたい
○創造的
○サーバントリーダー
○権威に従う
○人を支配したいと思わない
○他人と比べない
○才能・能力を活かす

×自己中心
×弱肉強食
×平和という名の戦争
×悪い欲や悪い感情が動機
×自分で価値をつける（自己中心的な自己啓発）
×世俗的もしくは宗教的
×批判
×仕事は生活の糧
×富は稼ぐもの
×自分だけが成功したい
×模倣・陳腐・破壊
×カリスマリーダー
×権威に従わない
×人を支配したい、または隷属
×他人と比べる
×良い学校・給料の高い会社に入る

# 「愛されていることに気づく」

**正しいマインドセットを身につける基本は、自分が愛されている存在であることを認識することです。**

人は愛されている存在であることが分かると、愛を動機にすることができますが、愛されている感覚が薄いと、愛が動機ではなく、悪い欲（自分だけが金持ちになりたい）、悪い感情（恐れ・見返したい）が動機となりやすいのです。

**そして愛されている感がないまま使命に進むと、高慢になって使命から遠ざかることになります。**

松下幸之助氏をはじめ、多くの成功した経営者が「天に生かされている」や「社会の中で生かされている」という概念を持っているのは、自分の才能や実力を超えたことが起きていることから、天から愛されているという認識を持っていたからです。

それに気づいた人たちが真の成功者になっていくのです。

愛されていることを理解するには「感謝」を意識するとよいです。

一般に感謝することが大切といわれていますが、感謝することが大切な理由の一番は自分が愛される存在であることを認識できるからだと思います。

感謝すると、様々なものが備えられていることに気づくので、愛されていることが分かります。感謝することは愛されていることを知る最短コースです。

自分が、生まれ、育ち、生きていること、置かれている環境、人とのつながり、などを意識し、感謝するのです。

**愛されていることが分からないで使命に進むと、高慢になって使命から遠ざかることがある一方で、使命に進むと、様々なものが備えられていることに気づくので、愛されていることが分かります。**

**使命に進みながら、愛されていることを体感していくという両者のバランスが大切です。**

# 「⑤正しいマインドセットを拡大する」

自分が正しいマインドセットを身につけることは極めて大切であり、それが使命ですが、周りに正しいマインドセットを拡大することも使命です。

正しいマインドセットとは使命に基づくマインドセットなのですが、世の中には使命の概念が希薄であるため間違ったマインドセットが、はびこっています。間違ったマインドセットを正しいものとしているケースも多いです。

多くの人が正しいマインドセットになることで、その人たちが世の中を永続的に良い方向に変革することになります。

具体的には次のようなものがあります。

・使命の本質を伝える
・子供に正しいマインドセットを伝える
・覚える勉強ではなく、自分の頭で考える勉強をする塾を経営する

・社員に正しいマインドセットを身につける研修をする
・正しいマインドセットの教育プログラムを作る
・正しいマインドセットを身につけるゲームを作る
・愛されていることが分かる映画を作る
・存在自体に価値があることが分かるドラマを作る
・人生には大きな目的があることが分かる歌を作る

**このように、正しいマインドセットを拡げるビジネス構築や、サービスを提供することは使命です。**

正しいマインドセットを持っている人と、パートナーシップを組んで事業を行うことも、正しいマインドセット拡大につながります。

**正しいマインドセットは平和をもたらします。**

## 「ＡＩにもマインドセットがある」

ＡＩのトレードシステムについて興味深い話を耳にしました。

ＡＩに「利益を出すと褒める」「損失を出すと叱る」という教育をしました。

ＡＩにも褒められると嬉しい、叱られるのは嫌という感覚のようなものを持たせることができるそうです。

このＡＩの自動売買システムは最初良い成績だったそうです。

ところが、ある銘柄の暴落で、全資産がなくなったそうです。

ここで分かったことは、ＡＩが叱られるのを避けるため、隠すことを覚えたということです。損失を隠したのです。

損失を表面化させないために損切りせず、含み損を拡大してしまい、最終的に強制ロスカットになってしまったのです。

これは一般の人の投資行動パターンと一緒です。

**「成績が良いと褒め、成績が悪いと叱る」という、ごく一般的な教育を受けることで、人もＡＩも間違った行動をとり、投資でも大きな損失の原因となるのです。**

つまり衝撃的なことですが「成績が良いと褒め、成績が悪いと叱る」という当たり前に行われている教育は、間違ったマインドセットにする教育で、投資・ビジネス・人間関係で失敗する原因を作るのです。

正しいマインドセットに基づく教育は、次のようなものです。

・利益を出しても、損失を出しても、あなたには根源的に価値がある
・成績に関係なく、あなたには価値がある

**つまり、人は何もしていなくても、何も持っていなくても、試験が0点でも100点でも同じように価値がある。存在自体に価値があるというのが本来の教育なのです。**

**なぜなら、私たちは愛されている存在であり、存在だけで価値があり、一人ひとりの人生には大事な目的があるからです。**

## 「主体性があると幸せになる」

使命は主体性・自己責任が基本ですが興味深い話があります。仕事は自分で創ることができると指導された社員は、6週間後には幸福度と成果が大きく上昇する、ということです。さらに、体の健康にもよいそうです。**自主的に仕事に取り組むことで、その人の幸福度や成果が向上するのです。**

反対に言われたことをやるだけで、自分で考えるのが嫌な人は、「仕事とは生活費を稼ぐためのもの」になりやすいです。仕事は、つまらないものとなっていき、ＡＩに仕事を奪われ、人生に閉塞感が出てきます。

今の教育には主体性を持つこと、自立すること、責任感を持つことが抜けています。結婚のマッチングアプリは日本人の特性にぴったりで人気だそうです。その理由は、マッチングアプリによって相手を決めて失敗しても、アプリが選択したからで自分の責任ではないと言い訳ができるからだそうです。
これは間違ったマインドセットです。

主体性があると次のようなことになります。
・自主的に判断できる
・マニュアルを超えた仕事ができる
・既存のものを疑い、より良い選択肢を探すことができる
・仕事が楽しい
・責任感が生まれる
・主体性があるもの同士で連携がとれる
・創造性が高いものを生み出すことができる

正しいマインドセットの基本は、主体的・自己責任です。
間違ったマインドセットの基本は、従属的・無責任です。

**あなたの人生の主人公は、あなたです。**

## 「⑥間違ったものを正しいものにしていく」

**人にとって大切な分野ほど、混乱があり間違いが多いです。**

例えば次の分野には、専門家が正反対の意見を主張していることも多いです。

「お金・仕事・成功」
「医療・健康・食物」
「教育全般」

そして、混乱は次のような悪い結果をもたらします。

・お金・成功・仕事の分野の混乱は貧困を招く
・医療・健康・食物の分野の混乱は死を招く

つまり、「生活」と「生存」という人間にとって最も大切な領域に、特に多くの混乱があるのです。

混乱とは何が正しいか、何が間違っているのかが分からない状態、間違ったものを正しいと認識し、正しいものを間違ったものと認識している状態です。

**間違ったものを正しいものに置き換えていくことは、使命の大事な本質の一つです。**

間違ったものは的外れなので、それを的を射たものにしていくのです。

ダメ出しをすることが使命というわけではなく、的外れになっているものに対して、知恵を使って本来の姿に修正していくことが使命です。

混乱は、次のように人の思考の中にもあります。

・優先順位を間違える
・反対に伝わる
・ロジックが破綻《はたん》していても気づかない
・状況が変わっても最初に決めたことが、変えられない

そして、間違いを解消するには認識力が必要であり、認識力が落ちると混乱に陥りやすくなります。

具体的にどのような間違いがあるかを知ることで、間違いを解消しやすくなります。

**間違ったものを正しいものにしていくことは、ビッグビジネスの基本です。**

## 「間違い例」

専門家が正反対のことを主張していたり、報道されている内容が間違っていたり、常識が間違っていたり、何が正しいか分からないことが多いです。これを混乱といいます。具体的な混乱による間違い例をご紹介いたします。

・ローンを組む時に金利が安い方が良いという考え方に対して、金利が高い方が節税になるのでよいという考え方。

・仕事は使命であり、お金を得ることと楽しみと社会貢献が一体であるという考え方に対して、仕事は苦役であり生活費を稼ぐためのものとする考え方。

・**人は他人を幸せにして幸福感を覚える生き物なのに**、お金持ちになることが幸福になることだとする考え方や、成功は危険なので貧しい方が正しいとする考え方。

・原発事故の時に、医者の間で放射線は危険とする見解に対して、放射線は安全なので積極的に浴びるとよいという見解。

・現在、米国でポリオに感染するのはポリオの予防接種をした人だけ。

・新型コロナウイルスは「ただの風邪」から「怖い感染病」までの認識差。

・有機栽培でも、無機栽培でも肥料を与えると窒素過多になり虫がつくので農薬が必要になるが、肥料を与えない自然農法だと窒素過多にならず、虫がつかないので無農薬で美味しい野菜が採れる。

**普段からなぜかと考えることで、間違いを発見できるようになります。**

**混乱はロジックに破綻が多いからです。**

**間違ったものを正しいものにしていくことは、ブレイクスルーを起こしたり、突破口になります。ビジネスでもニーズが大きいところなので、大きな成功につながります。**

## 「成功概念の間違い」

まず言葉を定義すると「成功とは、この世で幸せに充実した豊かな人生をおくること」とします。

世の中には沢山の成功法則がありますが、その多くが間違っています。

その理由は成功の概念が間違っているからです。

7つの富をバランスよく拡大することが成功であるのに対して、世の中の成功概念は次のようなものが多く、どれも間違った成功イメージです。

□世の中の成功概念

・高級車に乗り、高級住宅に住み、世界を自由に旅すること

・お金持ちになり肩書きを得て賞賛されること

・早くリタイアして南の島で、一日中、のんびりすること

そして、成功へのアプローチとして次のようなものがありますが、それぞれ裏メッセー

ジがあります。

□アプローチ例

・働かないで大金を手に入れる方法
・貧乏から脱出して大富豪になる秘訣
・出世する極意
・この資格を取れば先生になれます
・このカードであなたもセレブに
・この商品であなたは幸せになれる
・人を動かす10カ条
・教えを信じて頑張る
・愛される方法
・早くリタイアして南の島へ

□裏メッセージ

仕事は使命ではない・お金が全て
人生の目的はお金持ちになること
人生の目的は出世すること
肩書きがあなたの価値を上げる
あなたの価値は持ち物で決まる
欠乏感はモノで埋まる
人を動かすと成功する
自分の力で勝ち取ろう
あなたは愛されていない
あなたには使命がない

間違ったアプローチの先に真の成功はありません。

**物事の裏メッセージが分かるようになれば、かなり認識力が高くなっています。**

## 「真の成功のイメージ」

ある山の管理を任された管理人がいました。彼は仕事を愛しており、木々は綺麗《きれい》に整えられ、そこには沢山の動物たちが暮らしていました。

ところが、ある日、山火事で焼け野原になってしまったのです。

彼が愛していた草木は焼け焦げ、動物たちもいなくなってしまいました。

彼は一旦は呆然《ぼうぜん》とし意気消沈したものの、突き動かされるように働き始めました。山を愛していたからです。毎日毎日、灰を取り除き、時には肥料に使い、種を蒔《ま》きました。人々が山に捨てていたゴミは焼却されたので簡単に排除することができました。

毎日、毎日、山を献身的に整備する彼の姿を見て、多くの村人たちが手伝ってくれるようになりました。彼は友達がいなかったのですが、沢山の友達ができました。

彼らが、グランドデザインや何を植えるかなど、山をゼロから作り上げる再生プロジェクトにおいて知恵と労力を提供してくれるチームになったのです。

行き詰まりそうになったことも沢山ありましたが、その度に知恵と労力、お金や物資が与えられました。

そしてついに、山に緑が戻り花も咲くようになり、動物たちも次第に戻ってきました。新しくなった山では不思議なことが起きました。なんとその山では、本来は一緒にいないような、オオカミと小羊が戯れ、仲良く暮らしているのです。

そして空気も小川も以前より綺麗になり、より美しい山になったのです。いえ、山というより広大な公園のようになったのです。そして皆の憩いの場、村人たちのコミュニティの場にもなりました。

人々は、この「奇跡の山」に驚きました。そして、この山が荒らされることがないように、きちんと一人ひとりが山を愛し大事にするようになったのです。

世界中から、この奇跡の山を訪れるようになりましたが、彼らは誰がこの素晴らしく綺麗な環境を作り上げたかは知りませんでした。管理人も自分がやったとは一言も言いません。村人全員が再生プロジェクトの主体だったからです。

一緒に創ってきた天だけが、「愛する子よ、よくやった。あなたは私の誇りだ」と褒め励ましてくれるのです。これが真の成功のイメージです。

# 「真の成功と偽りの成功」

使命に進む時、人には真の成功がもたらされます。
真の成功とは、7つの富がバランスよく拡大することであり、自分と自分の周りの両方が良い方向に変革していくことであり、充実感も達成感もあり、幸せで周りからも感謝されることです。

一方、世の中の成功法則には、欧米風の世俗的な自己中心性が根底にあります。自分の力で自分だけが幸せで良くなりたい、という願望の実現です。

・成功を自分の努力だけで勝ち取る
・成功を自分の力で引き寄せる

ここから導かれると、成功の基準は次のようなものになります。

・資産がいくらになった
・社会的に重要な役職に就いた

・テレビに出て有名になった
・働かなくてすむようになった

確かにこれらも成功の一部になることもありますが、成功とは限りません。自己中心的な成功を目指すことで、貧困を招くことになるからです。

一時的に成功するものの、あっという間に転げ落ちてしまう例は沢山あります。

世俗的・自己中心的な影響を受けると、使命は次のように間違った理解になります。

×自分が好きなこと・やりたいことが使命
×自分で使命を作る
×使命に進めばお金持ちになれる

**使命に進むと7つの富が拡大するというのが使命の基本概念です。**

# 「成功の光と影」

ビジネスで、戦略がうまくいって急激に大きく稼いで成功したと思ったとたんに突然、立て続けに次のような事件にあうことが多いものです。

・詐欺で騙される
・大事な取引先が破綻
・社員がお金を持ち逃げする
・社員が個人情報を持ちだす
・大きな事件に巻き込まれる
・脱税で大きな金額の納税を迫られる
・投資先がおかしくなり投資資金がなくなる
・本人や家族がケガや大病をする

だいたい、この中の3つが同時に発生するのです。

この本を読んでいるあなたにも経験があるかもしれません。

セミナーでこの話をすると、実際に同じようなことをご自身で体験された方や身近で経験されている方も多いです。

興味深いことに、**この中の3つが同時に起きることが共通しています。**

これを成功の光と影と表現しますが、**これは使命に進むのではなく、お金儲けだけを目的にして大きく稼ぐと試練がきて使命の方向に転換を促されるのです。**

一般的に試練は乗り越えるものと思っているケースがほとんどですが、方向転換を促す試練を乗り越えて自己中心的に同じ方向に進むと、しばらくして別の試練がくることになります。試練は乗り越えるだけのものではないのです。

試練の意味と価値を知ることが大切です（338ページ参照）。

**間違った成功には影が、真の成功には栄光があります。**

# 「宗教的」に注意

**宗教という言葉は本来ニュートラルであり、良くも悪くもない言葉です。本書では本来の宗教ではなく、一般に宗教的といわれる次のような状況に陥った状態を指すのに、宗教的という表現を使うことにします。宗教的は的外れです。**

宗教的と使命的とを対比するとその本質が理解できます。

| □使命的 | □宗教的 |
|---|---|
| 本質的 | 形式的・思考停止・ロジック破綻 |
| 自信 | 高慢・プライド |
| 純粋 | 理想主義・完璧主義 |
| 謙虚 | 自己卑下 |
| 喜び | いつも作り笑顔 |
| 自立 | 依存 |
| 自由・解放・自然体 | 束縛・人を支配 |
| 感謝 | 批判 |

素直・柔軟　　　頑固・硬直
平和　　　分裂・混乱・排他・正義という名の戦争
人と比べない　　　人と比べる・肩書き重視
シンプル　　　複雑・簡単なことを難しく言う
勤勉　　　怠惰・ワーカホリック
天と友達　　　遠い神・怖い神
天に生かされる　　　修行・自分の力で自分を高める
天に直結　　　人や組織につなげる
バランス感覚がある　　　バランスを欠く・偏屈

**宗教的なものは人を天から遠ざける人類にとっての最大の混乱で、その混乱が人を使命から遠ざけています。**

そして、宗教的な人は使命を次のように間違って捉えることになります。

×右に行くのが使命か、左に行くのが使命か
×使命を信じて頑張る（典型的な宗教的な例）
×使命とは定められた道・絶対的な運命・宿命

**使命を宗教的に捉えてしまうと、使命とは反対の方向に進むことになります。**

# 「世俗的使命と宗教的使命の間違い」

大事なところなのでまとめます。

ほとんどの人は世俗的か宗教的かに偏っているので、使命も世俗的か宗教的かに分かれてしまい、使命の本質から外れていきます。

□世俗的な使命の理解
×自己中心的なやりたいことが使命
×自分で使命を作る
×使命に進めばお金持ちになれる

使命に進むことで、7つの富は拡大しますが、お金のために使命に進もうとすると反対に貧困を招くことになります。

□宗教的な使命の理解
×右に行くのが使命か、左に行くのが使命か

×使命を信じて頑張る
×使命とは定められた道・絶対的な運命・宿命

□本来の使命の概念
○世の中を永続的に良い方向に変革する
○天国のような素晴らしい環境を創る
○7つの富を拡大する
○天とともに歩む（4章で説明します）

**世俗的な使命は間違っていることが分かりやすいですが、宗教的な使命は、間違っていることに気づきにくいです。**

特に「使命とは定められた道・絶対的な運命・宿命」は、似て非なるもので使命の偽物です。

世俗的も宗教的もどちらも自己中心的で使命から遠ざかるものです。

例えば、自分の力で自分を高めようとすること・修行も自己中心的です。

# 「自分の力で自分を高めようという欲は最強の煩悩？」

日本人は修行することが良いと思っている人が多いです。

何かあるとすぐに「修行します」と口にします。


宗教的も世俗的も自己中心的であり根は一緒です。

「自分を高めたい」

「成功したい」

は人間の基本的欲求であり、悪いことではないのですが、自己中心性が強くなると宗教的、もしくは世俗的に陥るのです。

「自分の力で自分を高める」

「自分の力で成功する」

は修行の原点です。


一般にいう宗教的な修行は次のような欲から生まれます。

**「自分の力で自分を高めようという欲」**
**「悟りたいという欲」**
**これらは最強の煩悩という表現をされていた方がいましたが、それは名言で、これらは欲の中でも、強い自己中心的な欲です。**

**一見、悪くないように思えるかもしれませんが、これらの宗教的な欲は自分の力で成功したいという世俗的な欲と同じなのです。**

欲が全て悪いわけではないのですが、自己中心的な欲は悪い動機となり、悪い動機は広い意味での貧困を招くことになります。

間違っているものを正しいものに置き換えていくには、何がどのように間違っているかを知ることが大切です。

世俗的な間違いの本質と宗教的な間違いの本質を知ることは、間違ったものを本来の使命的なものに置き換えるために役立ちます。

## あなたを使命に導く言葉　1

魅力的な唇のためには優しい言葉を紡ぐこと。
愛らしい瞳のためには人々の素晴らしさを見つけること。

――オードリー・ヘプバーン

# 2 自分の使命を知る

# 性格から使命を知る

性格から使命の方向を探ってみます。
該当するものにチェックを入れてください。
**性格ドットコムというサイトでも簡単に確認できます。**

- □壮大なビジョンを好む　鷲
- □高い視点で物事の全体を見ることが得意　鷲
- □目標を立てて行動するのが好きだ　雄牛
- □じっくりと自分自身を見つめる　人
- □他人の感情に左右されない　鷲
- □探究心・研究心が旺盛　人
- □約束の期限が過ぎても気にしない　獅子
- □スケールが大きいことをよく考える　鷲
- □走り出すと止まらないタイプだと言われる　雄牛

**性格ドットコム　www.seikaku.com/**

□面倒見が良い・親分肌・姉御肌　獅子
□積極的に人をつなげる方だ　獅子
□こまやかな気配りができる　人
□情に弱い　人
□集中力があると思う　雄牛
□旅行に行くときは綿密に計画を立てる　雄牛
□パーティなど華やかな場所が好き　獅子

それぞれチェックの数はいくつになりましたか？

獅子□点　雄牛□点　人□点　鷲□点

複数の性格タイプにポイントがついたと思いますが、ここで一番得点の高いものがあなたのメインの性格タイプです。

最初は一つの性格タイプだったものが、経験とともにだんだん他の性格タイプが増えていく傾向があります。4つの性格タイプ全部が高得点の人は、全ての性格を持っているということです。政治家などは4つとも高得点の人が多いです。

# 「4つの性格タイプ」

性格は使命の方向を探る大事な要素です。

**そしてこの性格タイプは、自分の性格から使命の方向性を知るだけではなく、パートナーやチームを構成する各自の性格タイプを知ることで、円滑にワークする助けになります。**

それぞれの性格タイプの特徴を簡単にまとめると次のようになります。

□獅子タイプ　社交型、外交型

行動力があって、人と交わること、人に囲まれることが好き。人と関わることに、とてもやりがいを感じるタイプです。

□雄牛タイプ　目的志向型

力強さと忍耐強さを兼ね備えていて、集中力と持続力があります。直接人の役に立ち、人のために生きる目的を持っています。

□人タイプ　内省型（自分の中を見つめる）
洞察力と探究心があり、極めることが得意です。
感受性が豊かで、相手の気持ちをよく理解する能力があります。

□鷲タイプ　鳥瞰《ちょうかん》型
大きなスケールで捉える洞察力と、本質を見抜く分析力があります。
高い視点から物事を見て、全体を把握する能力があります。

それぞれの性格タイプ別の特徴の詳細は巻末付録に記載しましたので、じっくりご確認ください。

とてもシンプルな診断ですが、使命を知るためにとても大切です。

**性格は人の本質の一番分かりやすいところだからです。**

## 「性格タイプ別　得意な業務と苦手な業務」

**性格タイプ別に得意な業務と苦手な業務があります。**

性格だけではなく役割なども含めて判断する必要がありますが、ここでは性格だけで判断しています。

苦手な業務をやらずに得意な業務だけをやるということではありません。マネジメントやコミュニケーションの際に活かすことが目的です。自分とパートナー、チームの得意なことと苦手なことが分かることで、コミュニケーションが円滑になりチームの生産性が高くなります。

□**獅子タイプ**

・得意な業務

リーダーシップを取る、営業、リクルーティング、プレゼンなどの人前で話すこと柔軟な対応や接客業務、人前で歌ったり演じたりする仕事、華やかな仕事

外交交渉、海外出張業務、イベント企画・コーディネイター、インフルエンサー

・苦手な業務

経理事務作業、デスクワーク、プレゼン資料作成、プログラミング、単純作業、地味な仕事

りん議などの組織的プロトコル全般、人を励ます・寄り添う・面倒を見る

投資資産管理（人に丸投げになりがち）

マッチング（人をつなげるのは好きだが、あまり相性などは考えない）

## □雄牛タイプ

・得意な業務

明確な指示のある業務、実務全般、秘書業務、経理事務作業、プログラミング、単純作業

調理、工作、モノづくり、具体化、研究開発（実験など試行錯誤を伴うようなもの）

目標管理スケジューリング（個人の）、ＫＰＩ設定および達成（中間目標）

ＰＭ（プロジェクトマネジャーとしてプロジェクトを達成する力）

・苦手な業務
曖昧な指示を与えられる、大きな目標設定作成（間違えやすい）、戦略策定、ビジョン作成
マーケティング（方針が決まれば実行は得意）、柔軟な対応
ブレインストーミング（基本的に曖昧なことが嫌い）

□人タイプ
・得意な業務
マーケティングおよび広報（人からどう見えているか、大衆はどう見ているかを捉える）
デザイン、資料作成（分かりやすい）、編集、リサーチ、取材、研究（リサーチ寄りの）
ライティング、マネージメント、調整業務、コミュニケーション全般、人を育てる
人を励ます・寄り添う・面倒を見る、段取り、りん議、他人の視点に立ったアドバイス
ＰＭ（プロジェクトマネジャーとして、プロジェクトチームを調整する）
目標管理スケジュール管理（チームの管理）

・苦手な業務

プレゼンテーション（繊細で人前で緊張しやすいし打たれ弱いところがある）

目標達成（人に遠慮してしまう）、新規事業立ち上げ、意思決定

議論（好きだが議論することが目的になりがち）

□鷲タイプ

・得意な業務

目標・ビジョンを作成する、ブレインストーミング、アイデア出し、クリエイティブな仕事、意思決定、戦略策定、コンサルティング、ファシリテーション、コンテンツ作成、鳥瞰的な視点に立ったアドバイス

・苦手な業務

視野の狭い視点で指示をされた業務、細かなＫＰＩ達成、単純作業の反復

りん議などの組織的なプロトコル全般、人を励ます・寄り添う・面倒を見る

他人の気持ちをくむようなアドバイス

## 「自分の使命を知る6つのアプローチ」

自分の性格タイプを知るだけでも使命の方向が見えてきたかと思います。

**自分の使命を知る方法については、次の6つのアプローチがあります。**

使命は一人ひとりユニークなものであり、あなたの使命に合った性格・役割・才能を持って生まれてきているのです。

□自分の使命を知る6つの方法（切り口）

①性格

性格的に向いているものが使命の方向です。一時的に、性格に向いていないことをしなければいけないこともありますが、それは訓練です。

②役割

役割は使命の一歩手前の概念なので、とても大切です。チームをつくる上でも会社の採用や人事などでも活用できます。

③才能
才能も使命に進むために与えられています。使命に進むと才能は開花していきます。歌が上手だから歌手、料理が上手だから料理人が使命という単純なものではありません。

④過去
自分の過去の出来事を分析すると、その出来事の中に使命への導きがあることを発見できます。使命を知るために極めて有効です。

⑤現在
使命の方向だと判断した方向に、小さな一歩を踏み出してみることで、それが使命の方向かどうか確認できます。

⑥未来
未来を先取りすることも可能です。

**この6つのアプローチで自分の使命の方向性を知ることが可能です。**

## 使命に進むには

性格タイプから自分の使命の方向性をある程度知ることができたと思います。ここで、実際に使命に進むプロセスを簡単に解説します。

①正しいマインドセットを身につける

**使命に基づく正しいマインドセットを身につけることは極めて大切です。**

使命に進むためには、愛を動機にする必要があるからです。

愛が動機でない場合、いかに素晴らしい働きに見えても最終的に失敗の方向です。

②自分の使命を知る

性格・役割・才能・過去・現在・未来の視点で自分の使命の方向を認識します。

③使命の本質を知る

使命の本質をきちんと理解することも大事です。使命の本質を理解しないと、使命の方向に進んでいるはずが使命から外れることが多いです。

**一般の教育や常識は私たちを使命から遠ざける方向に働きます。**

④間違ったものを正しいものに置き換える

世の中には混乱が多く、間違ったもの（考え方・仕組み・常識）が沢山ありますが、正しいものに置き換えていくために何がどのように間違っているかを知ることが大切です。

⑤仕事に落とし込む

仕事をされている人にとっては、日常の業務を具体的にどのようにすればよいかまで知っておくことも大切です。

社長であれば使命経営や使命に基づく真の帝王学をしっかり身につけることが大切です。

⑥チーム

使命は一人で成し遂げるものではなくチームで達成するものなので、チームをつくることも大切です。企業は一つのチームです。

**本書で使命の本質の基本をご理解ください。**

## 「性格タイプ別　使命の本質を知った時のパターン」

使命の本質を知ることで素直に使命に進む人と、そうならない人に分かれます。

ここで一つご紹介したいのは、使命の本質を知った時の反応や、その後の行動が性格タイプ別に特徴があるということです。

□獅子タイプ
**○自信を持って周りの人とともに使命に進みだす**
×使命を宗教的なものと勘違いし、避けてしまう
×使命が分かっても怠慢でなかなか進まない

□雄牛タイプ
**○使命の本質を正しく理解することで方向転換して素晴らしい成果を上げる**
×使命を自分の武器にしてしまい失敗する
×間違った方向に進み、自分では方向修正が難しい

□人タイプ

**○使命の本質を深く理解できることから感動を覚え、目覚める**

×使命を宗教的に捉えてしまうか、自分の使命を小さく捉えてしまう

×使命を理解しても最初の一歩が踏み出せない

□鷲タイプ

**○正しいビジョンを持つことになり、飛躍する**

×自分はとっくに使命に進んでいると思い込むが、実際には全然違う

×知っていたことばかりだと思い、何も変わらない

**これは一例ですが、性格タイプ別に使命に進む上での落とし穴があります。**

**事前に落とし穴を知ることで回避することができます。**

**知恵は大きな宝なのです。**

## 「使命は性格・才能・役割を考慮する」

使命の特徴の一つは、人それぞれの「性格」「才能」「役割」を活かすことです。

不思議なことに、学校の教育でも、企業の現場でも人の個性が活かされるような仕組みになっていません。

**仕事の現場でも性格に合わせた仕事の指示をしないと、次の例のように全く違った結果になります。**

**性格が獅子タイプの人に「自由に営業してきてください」と指示すると、本人も仕事が楽しくなり、素晴らしいパフォーマンスをあげます。**

**反対に、性格が雄牛タイプの人に全く同じ「自由に営業してきてください」と指示すると、仕事が苦痛で、翌日に辞めてしまうかもしれません。**

性格だけでも、そのくらい個性に違いがあるのです。

一人ひとりの個性を知ること、そしてその個性を活用することが大切です。

一人ひとりの個性や能力を活かそう、という気運は高まっていますが正しいマインドセットが知られていないのと同じで、ではどういう個性があり、どうすればいいのかが、ないと思います。

企業の採用や業務の分担などでは、その人の性格・役割・才能を考慮することが大切です。企業の採用では、「どこの学校を出たか」「学生時代にどんな活動をしたか」を見て、採用後は全く適性を考えずに仕事を割り当てます。

新卒ですぐ辞める人が続出しているようですが、全く向いていない仕事を任されることが原因の一つなのでしょう。

**性格、才能、役割を考慮し、最も個性が発揮できる仕事をすることが一人ひとりにとっても最もやりやすいし、社会全体における生産価値も上がります。**

世間が必要としているものと、あなたの才能が交わっているところに天職がある。

アリストテレス

## 「歴史上の偉人たちの使命と使命を知るプロセス」

経営者だけではなく、歴史上の偉人たちの名言にも使命は登場します。

**ゲーテやシェイクスピア、古くはギリシャの哲学者アリストテレスまでにも使命や、天にまつわる言及が見いだせます。**

**歴史上の偉人こそ使命に進んでいた人は多く、その名言は役に立ちます。**

そのような何も言われなくても使命に進むタイプの成功者は、どうやって自分が成功したかを人に伝えることが難しいのです。

当たり前のことをやっただけだからです。

歴史上の偉人たちが残した名言や足跡は参考になりますが、他人が全く同じようにやっても、うまくいくことはありません。

使命は一人ひとり多様性に富むからです。

しかし、一人ひとり成功するためのプロセスやパターンは違うように見えて、本質は同じです。

そこで、**共通の使命の本質を全方位的にまとめ、その人の性格・役割・才能・過去の経験などから、一人ひとり多様性に満ちた使命の方向性を判断できるようにしました。**本書は、その基本的な部分を明確にしました。

**これは言い換えれば、一人ひとり使命は違うものの、誰でも同じようなプロセスを踏めば、使命を知り、真に成功できることを意味しています。**

性格タイプや役割タイプについては、使命とかなり密接な関係があります。その人の本質の輪郭を示すからです。

特に性格タイプについては、世の中には数多くの性格分析がありますが、自分の使命の方向性を知ることに関連づけることで大きな価値を持ちます。

性格タイプ別・役割タイプ別の、使命の方向性と、使命に進むことを妨げる要因を知ることも、実に大切な知恵です。

## 「経団連事務総長の使命」

経団連事務総長だった三好正也《みよしまさや》さん（故人）は日本の高度成長時代を支えた功労者でした。

トヨタや東京電力といった日本のトップ企業の社長が経団連会長を務めます。そうした日本の主要大企業に三好さんは仕え、支えてきたことから、日本を支える使命に生きた人といってもよいでしょう。

経団連に入る面接の時に、面接官より高いビジョンを掲げ、彼らをびっくりさせたそうで、経団連に入った時から一目置かれ、経団連事務総長になりました。**権威が与えられていたのです。**

仕える・支えるという役割ですが、大きな働きをして使命を全うしました。

三好さんは私の本の賛同者だったのですが、あるパーティ会場の入り口でお会いした瞬間に大きな声で「俺は牛だ」と、おっしゃっていたことが記憶に鮮明に残っています。

「俺は牛だ」発言で周りの人はびっくりしていました。
牛とは性格の雄牛タイプのことで、「仕えること」が使命です。
仕えるといっても経団連に属する大企業群に仕えるわけで、規模がケタ違いです。

三好さんは、個人や組織に「天職発想」を身につけさせることで、数々の成功を収めてきたので、天職発想とは何かについて、生前にインタビューをさせてもらった記事から引用します。

□インタビュー記事から

松島：今回は、「仕事が楽しくてしかたがない」という三好さんに、天職について話を伺います。三好さんが経団連事務総長の時から長らく大変お世話になっていますが、仕事を楽しむということに対して、まさに地で行く方であり、天職もしくは天職的なお仕事をされてきた方だと思っています。そこで、仕事が天職だと社員が思えるような組織や、その組織の目的や強みを発揮する組織作りのポイントはありますか。

三好：組織には2つの考え方があると思っています。簡単に言うと、金銭など利益追従を目的に形成された「ゲゼルシャフト」（利益共同体）と、主に社会貢献を目的に形成された「ゲマインシャフト」（運命共同体）です。この2軸を持ち合わせた組織を作るべきです。

経団連を退職後、J-WAVEの社長に就任（1997年）した際は、「利益を出せば、それが税金や消費という形で社会に還元される。我々の仕事の目的は社会を良くすることである」ということを、J-WAVEの社員に伝えていました。

松島：なぜ、その2軸が必要だと思ったのでしょうか。

三好：J-WAVE社長に就任した1997年当時の日本企業は、あまりにも「ゲゼルシャフト」（利益共同体）的な経営をしていました。成果主義の名のもとに、利益を出すこと自体が目的となっていましたので、「寝食問わず働くことで利益を出しても、結局何のためになるのかが分からない」という、仕事に対して目的意識を持てないビジネスパーソンが数多くいたからです。

松島：「ゲゼルシャフト」（利益共同体）と「ゲマインシャフト」（運命共同体）の２軸を、Ｊ－ＷＡＶＥに導入した結果、社員の仕事に対する取り組みに変化はありましたか。また、自分の仕事を天職、もしくは天職的だと考える社員は現れたのでしょうか。

三好：**人が変わったように熱心に仕事をする社員が出てきましたね。理由を聞いたら、「我々の仕事によって社会が良くなるから」だと言っていました。「社会のために必要なことをしたい」というのが、人間の本能なのかもしれません。また、「仕事が楽しくてしょうがない」との社員の話も聞きましたので、結果的に自分の仕事が天職だと思えた社員も、数多くいたと思います。**

（出典：ＩＴｍｅｄｉａエグゼクティブ）

＊

三好さんもそうでしたが、偉大な経営者は使命の概念を持ち、仕事を楽しんでいるといえます。

## あなたを使命に導く言葉　2

私はひとつの企業のためだけでなく、より大きな使命感を持っている会社が好きです。私はアマゾンを地球上で最も顧客中心の会社にして、多くの組織のロールモデル（お手本）になりたい。

——ジェフ・ベゾス

# 3 仕事の本質

## 「仕事と遊びと社会貢献が一体となったもの」

仕事とプライベートを分けて考える人が多いと思います。

仕事が終わったら、ここからはプライベートの時間。遊びに行こう、美味しい食事を食べに行こう、あるいはボランティアなどで社会貢献しようと、仕事と遊びと社会貢献を別々に考えている人が多いと思います。

こうすると時間がいくらあっても足りませんし、全てが中途半端になります。


**仕事は使命そのものといってよく「仕事（お金を得ること）」と「社会貢献」と「遊び」が一体のものといってよいでしょう。**

**仕事の本質とはお金をいただくことができ、皆に喜ばれ、社会貢献的で、自分も楽しいというもので、これが使命です。**

**仕事が使命から切り離されると、仕事は苦役になります。**

同じように、仕事は仕事、仕事で稼いだお金で寄付し社会貢献する、という発想も使命から遠ざかる可能性があります。

使命の視点で仕事を定義すると次のようになります。

**「仕事とは、使命を達成するチームとして、自分の役割を全うすること」**

つまり仕事とは本来、食べるためのものではなく、自己中心的な自己実現のためのものでもなく、世の中を良い方向に永続的に変革していくものです。

もちろん、「自己実現が世の中を良い方向に永続的に変革すること」である人は自己実現が使命です。

「なぜ仕事をしなければいけないのか？」という問いには、このように答えることもできます。

**「人生には目的（使命）があります。使命はチームで、世の中を永続的に良い方向に変革していくことであり、使命に進むことが、幸せで充実した豊かな人生を送る唯一の方法です。この使命に進むことが仕事であり、仕事はチームの中で、自分に与えられている役割を全うすることです」**

## 「間違った仕事の解釈」

**日本では高度成長時代に、働きすぎ（ワーカホリック）が問題になりましたが、近年、その反動の働かなすぎ（怠慢）の方が問題になってきていると思います。**
**勤勉だった日本人が、いつの間にか、働かないことが美徳のような風潮になり、仕事を嫌い、仕事をしないようになってきています。**
**勤勉は大切なことであり使命的です。ワーカホリックも怠惰も問題です。**

日本人はすでに先進国の中でも労働時間が短い国になり、そればかりか一人当たりの労働生産性はＯＥＣＤ（経済協力開発機構）加盟国36カ国中21位、Ｇ7の中では最下位まで落ちています。

労働生産性が低下するのは「怠惰」「能力低下」「効率悪化」に陥っているということです。

手抜きが当たり前になり、それが恒常化すると、どんどん仕事ができない人になっていきます。

主体性なく責任感なく手抜きの仕事ばかりすることで、入社時にできていたことが、どんどんできなくなっていくことも多発しています。

また、若い人に限らず、面接時に何の連絡もなく来なかったり、初出社した翌日や、ある日突然、会社が合わないからと何の連絡もなく会社に来なくなる人。仕事の能力や対応力が極端に低かったり責任感・働く意欲が低く仕事ができない人が増えています。

**社員一人ひとりが、仕事は使命であることを理解し、正しいマインドセットを身につけていくことで、仕事の効率、生産性、創造性は高くなっていきますので、使命は最大の業務改善になります。**

注意することは経営者や管理職も正しいマインドセットを持つことです。社員だけに正しいマインドセットを持つように教育しても、管理職以上が間違ったマインドセットだと、業務改善にならないからです。

## 「仕事は楽しいもの」

私たちには、性格・才能・役割が与えられており、その延長線上に使命があります。私たちが、自分の性格・才能・役割に合った仕事をすると、素晴らしくパフォーマンスが上がり、楽しくなります。

私たちは一人ひとりユニークな存在で人と比べる必要がありません。

**使命に進むことは、自分の好きなこと、得意なことをして、才能が発揮できるわけですから、仕事が楽しくなります。**

もちろん、顧客のため、社会のために一踏ん張りすることはありますが、原則好きなことをやっているので、仕事が趣味のような感覚になります。

もちろん、休息はします。休息はむしろ、使命に進む時に必須の概念です。バランスが大切です。

**私たちの命とは生きている時間です。**

成人すると、大切な生きている時間の多くは仕事の時間なので、仕事に命をかけていることになります。

多くの時間を使い、命をかけている仕事が楽しいか苦痛かは、人生が楽しいか苦痛かの大きな差になります。

仕事が楽しいという概念がない人もいらっしゃるかもしれません。

今までにない概念や行動を、人は本能的に拒絶する傾向がありますが、使命は喜んで受け入れていただけるものです。

**なぜなら、使命は人に与えられた本来の本能そのものだからです。**

もしそうでないとしたら、それは後天的に得てしまった間違ったマインドセットによるものです。

使命は「命」を「使う」という意味であり、自分の命を使って成し遂げるものが使命なのです。

仕事は使命であり、使命に進むと、楽しく、幸せで充実した豊かな人生になります。仕事が生活費を稼ぐことになると、仕事は苦痛となります。

**仕事を最大の遊びにすることが成功の秘訣です。**

## 「仕事は尊く豊かなもの」

世の中には労働時間を短縮することが良いという風潮がありますが、その背景には次のような間違った考え方があると思います。

・仕事は苦役なので減らすことが良い
・余暇の時間が多いほど豊かであり、豊かさを享受しよう

**仕事は世の中を永続的に良い方向に変革するので尊いものです。**
**それは誰もが憧れるような目的なのです。**

もちろん、ブラック企業においては、その概念から遠くなりますので、経営者の課題です。

また、使命に進むこと自体も尊いことです。

**使命感を持って働く人にとって仕事は尊く、生産性が上がります。**
**報酬が高いという理由だけで仕事を選ぶと仕事は苦役となります。**

**公務員も、公僕という尊い仕事だと思って働くと生産性は上がります。**

**安定的に給料がもらえるからという動機だと仕事は苦役です。**

**この差は、とても大きいです。**


そして、働くことが豊かさです。

お金をもらえるし、楽しく、社会貢献になり、感謝され、充実感がある状態は豊かです。

使命に進まず、働かないで豊かさだけを得ようとするのは間違ったマインドセットです。

高度成長時代が終わり、成熟期を超え、超高齢化時代に突入した状況に逆行して、皆が働かないで豊かさだけを得ようとすると、個人も会社も日本全体が貧困に落ちていきます。


仕事は使命なので、使命の本質を理解することが大切です。

天は自ら行動しない者に救いの手をさしのべない。

シェイクスピア

## 「間違ったワーク・ライフ・バランス」

最近よくいわれるワーク・ライフ・バランスという概念にも注意が必要です。

正しいマインドセットで考えるのならよいのですが、間違ったマインドセットでワーク・ライフ・バランスを考えると仕事は生活費を稼ぐためのものに陥ってしまいます。仕事と遊びを分け、定時に帰って余暇を楽しむことが良いことになってしまいます。

| □正しいマインドセット | □間違ったマインドセット |
| --- | --- |
| 仕事は使命 | 仕事は生活費を稼ぐため |
| 仕事は楽しい | 仕事は苦痛 |
| 才能発揮の場 | 手を抜き早く帰宅 |
| 責任を取る | 責任を避ける |

効率的に仕事をして定時に帰るのは、とても良いことですが、仕事が使命から切り離された時、つまり、**仕事が生活費を稼ぐものとなってしまった時、その人の人生に貧困をもたらすことは知っておく必要があります。**

仕事と社会貢献と遊びを切り離してしまうと、時間がいくらあっても足りません。使命の本質を知らず間違ったマインドセットで仕事を解釈すると、使命と反対の方向に導いてしまう危うさがあります。

働く動機が愛なのか、自己中心的な生活のためなのかを見ることが大切です。動機が悪いと、良い実を結びません（良い結果になりません）。

使命経営をしている経営者の視点からは「仕事は生活費のため」という考えを持っている人は社員としての資質を放棄しているようなものです。

就職が売り手市場であっても買い手市場であっても常に人材不足、つまり、使命的な人、責任感がある人は決定的に不足しています。

正しいマインドセットで責任感がある人はＡＩに取って代わられることはありませんが、そうでないとＡＩに職を奪われていきます。

**仕事は苦痛だから早く切り上げて、余暇を取ってワーク・ライフ・バランスを取るというのは、本来の姿からかけ離れたものです。**

間違ったマインドセットのままワーク・ライフ・バランスを取ろうとすると、仕事で成果が出ず、今の立場を失う可能性も起こり得るので注意が必要です。

# 「使命はチームで達成するもの」

使命は、チームで達成するものです。

一人でできてしまう程度のものは、使命と呼べるものではありません。

次のような、ことわざがあります。

**「早く行きたければ一人で行きなさい」**

**「遠くへ行きたければ皆で行きなさい」**


チームでなければ大きな橋をかけるようなビッグプロジェクトはできません。

また、自分の力だけでできるようなものは使命とはいえません。

使命とはあなたの想像より大きなものです。


また、突破口を開けるときは一人でよいかもしれませんが、突破口を広げていくことは一人ではできません。突破口を広げていくチームが必要です。

競争ではなく、チームとして共存共栄、役割分担をすることが大切です。

チームのメンバーは、使命に向かって進むあなたの姿を見て、賛同するような人が望ましいです。「報酬はいらないからぜひ手伝いたい」と言ってくれるような方が現れることもあります。

**メンバー同士が、それぞれ、異なる性格や才能を持ち、それぞれの役割を果たしていくのが、使命に向かうチームのイメージです。**

**使命に進み、役割が明確になるとさらに、才能・知恵が増していきます。**

**また、私たちは自分のことが一番分からないものです。**

**無自覚な部分は他人から指摘してもらうことが大切なので、そういう意味でもチームが大切です。**

会社では、社員の資質を見ながら、チームを組んで取り組みます。

才能・知恵といったものは、与えられたものです。

資金調達ができたり、協力者が現れたりして、チャンスが巡ってくることもあります。

**使命のチーム自体が、大きな富なのです。**

## 「個人主義はチームを破壊する？」

個人主義には、多様な意味がありますが、一般的には国家や社会の権威に対して個人の権利と自由を尊重することです。

**個人主義は、良いものに見えますが「個人を尊重」ではなく「自己中心」の意味になりかねません。社会が幸福になることは自分の幸福でもある、という概念でなくなることで自己中心的になりやすいのです。**

**特に優秀な人ほど陥りがちです。**

その日が締め切りの仕事があっても定時になったら、そのまま帰宅してしまったり、チームワークを否定する態度であれば悪い結果になります。

「人は社会の一部であり、会社は使命を達成するチーム」ですが、個人主義は「自分は社会とは無関係」「会社はお金を稼ぐところ、給料がもらえればよい」になりがちです。

事務でも技術でも営業でも、それなりに仕事ができる人は多いです。

しかし、その人がチームで仕事ができる人であるとは限りません。

いくら個人が優秀であっても、チームを無視していればその成果は限定的です。

チームが上手に動くのであれば、個人の何倍もの成果をあげることができるのです。

「一頭のライオンに率いられた羊の群れは、一匹の羊に率いられたライオンの群れに勝る」

これは、ナポレオンの言葉といわれ、企業のリーダー・マネジャー研修でも引用されます。

**人は、どんなに優秀であっても一人で行動すると、その力は限定的ですが、個人能力が多少低くても、一人ひとりがサーバントリーダー**（134ページ参照）**の考え方を理解し、コミュニケーションを取り合うチームになることで、予想以上の良い成果をあげることができます。1＋1が2を超えていくのです。**

使命はチームで達成することを意識する必要があります。

**私たちは社会の一部なので、社会から切り離されることは富の減少です。**

# 「自分の役割と他人の役割をつなぐ」

使命はチームで実現するもので、役割分担するものです。

**ただし、役割分担する時に、各自が孤立しているようなチームは役立ちません。**

例えば、法律の専門家（弁護士）、税金の専門家（税理士）、建築の専門家（建築士）、保険の専門家など、それぞれの分野で優秀な人がチームを組んで相続対策をしようとしても、お互いの間に共通する基本的知識（ノリシロ）がないと機能しません。

自分の範囲しか分からないと、受動的であり、有機的に機能しないことから実務をこなすことができないのです。

専門性が高いゆえにチームワークを構成できず、仕事のできないチームになってしまうのです。

会社でも、経理しか分からない人、営業しか分からない人、製造しか分からない人のチームは有機的なチームになりません。

専門性が高いだけだと、ただのスペシャリストです。仕事ができる人になるにはプロフェッショナルになる必要があります。

お互いが使命感・主体性・ノリシロを持った場合、リーダーなしで仕事は進みます。全員がリーダーシップを持っているからです。
使命的な企業は全員がリーダーであり主体性を持っています。

また、チームと役割は体にたとえることができます。
体には、いろいろな器官があり、全ての器官が円滑に動いてチームが機能します。
**弱い器官に見えるものほど、なくてはならない器官です。**

営業部が総務部をいらないと言ったり、総務部が営業部をいらないと言ったり自分の範囲外の部署を理解しようとせず、分裂があってはいけません。

**それぞれの器官がそれぞれの役割を全うすることが大切です。**
**正しい役割の概念とチームの概念がないと組織は円滑に動きません。**

## 「日本と欧米の仕事に対する価値観の差」

仕事の概念が、欧米と日本では大きく違います。

例えば、日本の刑務所では、刑務所内で受刑者に仕事をさせるのは、手に職をつけることが一番の目的です。社会復帰した時に、きちんと仕事をして社会に貢献できるように手に職をつけるのです。

**日本では社会のために仕事をするという概念です。**

一方、欧米では受刑者へ苦痛を与えるために仕事をさせます。楽をさせないで罰を科すという意味で、仕事をさせるのです。

**欧米では仕事は罰という概念です。**

仕事は使命であり、世の中を永続的に良いものにするのですから、もともと日本の仕事に対する認識は欧米より本来の姿に近いといえます。

日本では会社は公器。仕事は使命であり社会のために会社があります。世の中のためになることが前提であったのですが戦後、欧米文化の影響を受け、仕事の目的は儲けることばかりになってしまいました。

例えばMBAは、いかに短期間に効率よく利益をあげるか、お金を回すかを目的に、ファイナンス・アカウンティング・マーケティング・組織論・経済学・統計学・戦略論などの必須知識を体系的に学習します。

しかし、一番大切な使命について学ぶことが抜けていることが多いと思います。

使命経営から遠ざかることで、会社から使命が希薄になってしまいます。

使命が薄れていくことは、社会に存在する価値が薄れていくということです。

**使命経営している会社は、社会に存在する価値があるので100年以上続く企業になります。**

## 「サーバントリーダー」

一般のリーダーシップは人々を引っ張っていく支配型であり、カリスマリーダーのような強く引っ張ってくれるのが良いリーダーシップとされています。ピラミッド型の組織です。

**使命に基づく正しいマインドセットにおけるリーダーシップは、支配型ではなくサーバントリーダーです。サーバントとは召使いの意味なので、リーダーとは相反するように見えますが、皆を底から支える逆ピラミッド型のリーダーシップです。**

サーバントリーダーが心がけることには次のようなものがあります。

・理解するためにじっくり聞く
・相手の性格・役割・才能を理解し使命の方向に導く
・励まし成長を促す
・混乱を解消する

・正しいマインドセットを持ってもらう
・チームとして互いに助け合う、愛と成長を促すコミュニティ作り
・ビジョンを共有し未来を創る

リーダーシップの違いで部下の行動に次のような違いが出ます。

□支配型リーダー
恐れや義務感で行動
言われてから行動する
言われたとおりにする
リーダーの機嫌をうかがう
指示内容だけに集中する
リーダーに従う感覚
リーダーの信頼が薄い
自己中心的になりやすい

□サーバントリーダー
自主的にやりたい気持ちで行動
言われる前に行動する
工夫する
やるべきことに集中する
ビジョンを意識する
全員がリーダーでありチームをつくる
リーダーの信頼が厚い
役立とうとする

**使命経営とは全員がサーバントリーダーとなることです。**

## 「ヒトデ型のチームを作る」

使命のチームは会社であれば社員全員が自立していることになります。

社長やリーダーはもちろん、全員がサーバントリーダーとしてチームをマネジメントします。

チームを構成する一人ひとりが正しいマインドセットで自立し、責任感があるチームが一番強いチーム（組織）です。

多くの企業や組織はトップのカリスマリーダーがいなくなると崩壊します。

しかし、ネイティブアメリカンのアパッチ族はトップがいなくなっても次のリーダーが自然発生します。バラバラに分断されても、個々のグループをまとめるリーダーが自然発生します。組織が分断されても、分断された個々のグループがきちんと機能するのです。

**全員にリーダーとしての意識があり、小さい集団でも自然に役割分担されるのがアパッチ族の組織です。**

一般的な組織とアパッチ族の組織の違いはクモとヒトデの違いに似ています。

クモもヒトデも足が沢山あります。

クモは、足を切っても生きていますが、頭を切ると死んでしまいます。

ヒトデは全部が足なので、どれを切っても死にません。

それどころか、ある種のヒトデは半分に切っても、それぞれが再生して2匹のヒトデになります。

ヒトデ退治のために全てのヒトデを半分に切ってしまっても、ヒトデは退治されるのではなく、2倍に増えてしまうのです。

ヒトデ型組織は激動や逆境に強いです。

クモ型組織は、一般の支配型リーダーの組織であり、ヒトデ型組織はサーバントリーダーの組織です。

サーバントリーダーたちで構成されたヒトデ型の権限分散型組織は繁栄し、危機に強い理想的な組織となります。

一つのコンピューターがダウンしても他のコンピューターが代替する、ネットワークコンピューターと同じです。間違ったマインドセットである個人主義とも対照的です。

**使命のチームとは、最先端のヒトデ型チームなのです。**

## 「使命には権威が与えられている」

権威とは、人に対する影響力のことで、その人の言うことに皆が耳を傾けるようなことです。

そして、**使命と権威はセットになっているので、使命に進むことで権威が明確になっていきます。与えられた使命の分野で権威が与えられているからです。**

つまり、権威は求めなくても、使命に進めば自然に顕在化されるものなので、自分で権威を得ようとしてはいけません。

自分の力で権威を持とうと努力する人は、使命とは違う方向に努力している可能性が高いです。

**他人に影響を与える力を持とうとしたり、権威を身につけようと努力していたとすれば、それはその分野に権威を持っていないということです。**

使命ではないために、自分の力で権威を得ようとするのです。

人が作った権威（世俗の権威）と、使命の権威の違いを感じたことがあります。

それは、米国の大統領朝食会でのことです。

メインイベントは、米国大統領のクリントン氏のスピーチでした。

その後、ボランティアで貢献したマザー・テレサもスピーチをしました。

その時、司会者は、皆が大統領の話よりも、マザー・テレサの話を真剣に聞いているとジョークっぽく言ったのですが、全くジョークになっていませんでした。

聴衆は大統領の話よりもマザー・テレサの話を真剣に、米国大統領より権威ある者のメッセージとして聞いていたのです。


**使命の権威が、人が作った最高峰の権威を超えていることが明確になった瞬間でした。**

世俗の権威は肩書きが必要ですが、使命の権威に肩書きは必要ありません。

マザー・テレサが使命的に行動し、スピーチをしたので、そこに権威が生まれ、誰もが大統領以上に耳を傾けたのです。

## 「突破口を開ける」

グローバルビジネス学会理事長である、京都大学の小林潔司《こばやしきよし》教授の話の中に興味深いものがありました。

今、世界で求められているリーダー像があり、その要素は次の3つだそうです。

**①すぐやる**
**②大風呂敷を広げる**
**③(良い意味で)二枚舌**

細かく見ていきます。

①すぐやる

・正しい認識を持った上で行動力がある

②大風呂敷を広げる

・ビジョンを持っている

・たった今、自分が見てきたようにビジョンを語ることができる

③（良い意味で）二枚舌

・予定調和的に、対立する立場の人に対して語るので、全く反対のことを言っているように聞こえるものの、実際には、一つの考えに収束させる

・相反する立場の人たちの利害を調整できる

確かに、世界で、このようなリーダーシップが求められていると思います。

この3つの要素は、実は使命の役割で言うと開拓者タイプの人の特徴で、このタイプには突破口を開けるという大事な権威が与えられています。

使命を大きく拡大していくためには、まず突破口を開けることが大切ですが、そのためには開拓者タイプのリーダーシップが必要です。

**あなたが007の映画のように敵陣地に一人で乗り込み、全員倒して帰ってくるというストーリーが好きであれば、開拓者タイプの可能性が高いです。**

**開拓者タイプのリーダーシップが世界で求められています。**

## 「相続対策が仕事になると」

両親が大きな資産を持っていて、それを相続する予定の方や相続した方々へ、相続対策のアドバイスを私はしてきました。

相続において気をつけないといけないことは、**親に資産があるために使命から遠ざかるケースが多いことです。**

**相続税を下げることを仕事にしてしまう人が多いのです。**

**納税することも社会貢献だとすると、社会貢献しないために仕事をしていることになるので、仕事が使命からどんどん離れてしまいます。**

また、クリエイティブな人なのに、安定を求めて役所勤めを選択する人も多いです。

資産が多いとそれを減らさないで継承することが目的になってしまうからです。

資産があるために使命の方向に行くことができないのは大きな問題です。

そのような方は、無意識に、どこかで社会に役立つことをしたくなり、地域のお祭りの時にボランティアで、たこ焼きを焼いてみたり、公園の掃除をしたりすることで穴埋めをすることになりますが、それは的外れです。

また、税理士資格を取ろうと思って勉強しても、なかなか合格しません。

地頭が良くても、創造的・生産的な仕事をしないことで、どんどん才能も廃れていき、モチベーションもなくなるからです。

相続で得た資産は、使命のために活用するものだと意識する必要があります。

もちろん、自分の生活を切り詰めて使命のために使うということではありません。

**与えられた資産を使命に使うには次のようなことが必要です。**

- **自分の使命の方向を理解する**
- **使命のために活用する**
- **不動産の場合、一旦売却、現金化して使命のために再構築**
- **使命的な企業に投資する**
- **使命に使うために相談する（知恵をもらう）**

**与えられた財産を知恵を使い、きちんと活用することは大事な使命です。**

## 広告からPRに

商品やサービスを告知するには広告ではなくPRにするとよいのですが、使命はまさにPRにぴったりです。広告とPRの違いは次のとおりです。

□広告

メディア（TV・新聞・雑誌・WEBサイト等）に対し、お金を払って広告や情報を出すこと。企業側が、内容を決められるが一方的な情報や内容（主観的）なので信用度は低く情報の説得力は弱い。コストも高い。

□PR

メディアの記者・編集者に自分たちの情報を伝え、取り上げてもらうこと。メディアが情報の価値を認めた場合、記事や番組などで紹介される。

取り上げるかどうかはメディアの判断であり、企業側は、いつ、どんな風に載るか分からない。第三者であるメディアが取り上げるために、客観性や信頼度が高く情報の説得力は強い。コストはゼロ。

ＰＲはお金がかからず、信頼度が高い情報を提供できるので、是非活用したいですが取り上げられるためには次の３要素を満たす必要があります。

**□ＰＲとして大切な３要素**
**①新規性　ニュース性があるか**
**②公共性　社会的に意味があるか**
**③実利性　情報の受け手にとってメリットがあるか**

**使命は、まさしく、この３つを備えています。**
**①新規性　突破口を開ける（今までにないこと）**
**②公共性　世の中を永続的に良い方向に変革する（極めて社会に大切）**
**③実利性　価値あるものを提供する（大きなメリット）**

自己中心的な経営から使命経営とすることで、広告にお金をかけるのではなく効率よくＰＲを活用することで商品やサービスが広まることになります。

## 「富裕国があっという間に破綻国に」

太平洋にナウル共和国という国があります。バチカン市国、モナコ公国に次ぎ、世界で3番目に小さい国であり、島国としては世界最小です。

国土面積は、21平方キロメートルで東京都の約100分の1。人口は1万人程度しかいません。

この小さな国が、1980年代には一人あたりのGDPでは世界でトップレベルの裕福な国でした。

1980年代の国民一人あたりのGDPは日本が約1万ドル、米国が約1万4000ドルだった時、ナウル共和国は2万ドルでした。

税金はかからず、国からお金が支給され（ベーシックインカム）、電気・病院など公共サービスは無料。結婚すると国が新居を与えてくれます。

個人住宅の片付けや掃除のため国がハウスキーパーをやとってくれます。

働かなくても、国からお金が支給され、それだけで暮らすことができたのです。

これを聞いて、そのような国に住みたいと憧れた人も多いと思います。

この国が裕福になった理由は、この島国がリン鉱石で形成されていたからです。国全体が、アホウドリなど海鳥の糞が堆積《たいせき》され、良質なリン鉱石となり、リン鉱石は化学肥料の原料となるため高値で輸出できたのです。

当初、漁業で自給自足の生活をしていた彼らはリン鉱石を元に1968年に独立国家となりました。

リン鉱石の採掘作業を行うのは海外からの労働者たちであり、お店を営むのも外国人となり、国民は働くことを忘れ、国から支給されるお金を消費するだけの生活になりました。価値を生み出すのではなく、消費するだけの生活です。

仕事という概念すらなくなっていきました。

しかし、美味しい話は続きません。無計画に島全体を掘りまくったゆえどんどん衰退してきたのです。

最盛期には年間200万トンの鉱石を輸出していたナウルも資源の枯渇が進み、2002年時点で数万トン、2004年時点で数千トン規模にまで採掘量は減少。

かつては森で覆われていた地表は、灰色になってしまいました。世界トップクラスの裕福だった国が、あっという間に破綻してしまったのです。唯一あった銀行（国立銀行）まで破綻し、預金の引き出しもできなくなってしまいました。ナウル大統領官邸は国民の暴動により焼失。

海外とつながっていた電話回線が不通になり、国全体が音信不通になってしまいました。働いて稼ぐ必要がなかったことから、彼らは、働くことや、働く意味が分からないので仕事をしません。失業率は9割、残り1割のうち95％が公務員。

働かないので肥満度は世界一、国民の3割が糖尿病です。

働くとはどういうことかということから教育が必要になりました。政府も無策だったわけではなく、海外（オーストラリア、ニュージーランド、ハワイ）の不動産（ホテル・マンション）を買いまくりました。

リン鉱石から不動産に代え賃貸料を得ようとしたのですが、保有していた不動産も売却して食いつなぐことになってしまいました。

また、財務大臣でさえ金融知識がほとんどない素人だったゆえ、怪しげな案件に投資し、多くの資金が消えてしまいました。

そこで、タックスヘイブンを目指そうとしたものの、貧すれば鈍する、国が犯罪を助長するようなマネーロンダリングや不法パスポート発行などをしたことから、犯罪支援国となり、信用も失墜してしまいました。

国は破綻、国民も破綻、失業者だらけです。犯罪も増加。

世界で有数の富裕国が、あっという間に、破綻国になってしまいました。

ここから学ぶことが沢山あります。

・お金は大切ですが、お金があるからといって幸せになるわけではない
・仕事をしないと堕落する
・仕事には尊い価値がある
・計画性が大事
・投資するにも知恵を使う必要がある
・ベーシックインカムが何をもたらすか

**仕事をしなくなると、人は生きがいもなくなりどんどん劣化していくのです。**

## 「ベーシックインカムは良いものか？　民主主義はまだきていない？」

ベーシックインカムが良いか悪いかという議論があります。

**制度自体が良いか悪いかということではなく、正しいマインドセットの人には良いものですが、間違ったマインドセットの人には悪いものになると思います。**

つまり、マインドセットと合わせて議論しないと意味がありません。

**ベーシックインカムは、そのお金を使命に進むために使う人にとっては、極めて素晴らしい制度です。**

**一方、間違ったマインドセットだと、仕事をしなくなったり、ギャンブルに使ったりして、使命とは反対の方向に向かうことになります。**

特に働くことの意義を忘れてしまうことになると、重度の病にかかったようなものです。

ただし、災害などが発生し皆が基本的な生活に困っている時に、一時的にベーシックインカム制度を導入することは良いと思います。

また、ベーシックインカムは民主主義を破壊するともいわれています。

すでに「民主主義は崩壊した」「民主主義はやはりダメだった」という話をよく耳にしますが、ある方が「いや、民主主義はまだきていない」と言っていました。

理由を尋ねると、**使命や正しいマインドセットになっていない状態、つまり、一人ひとりが自立し、対等な関係で敬意を払うような状態でない中で、民主主義が成り立つはずがない、という意見でした。**

**つまり、民主主義という制度がダメなのではなく、制度に人が追いついていないという見解でした。**

ベーシックインカムが正しいマインドセットであればうまく運用できるように、民主主義も使命に基づく社会が広がったらうまく機能するのでしょう。

## あなたを使命に導く言葉　3

仕事の喜びが、仕事の質をあげる。

――アリストテレス

# 4

# 使命経営®・帝王学

## 「理念経営から®使命経営へ」

一般に理念経営が良いとされていますが、経営理念が使命的であればよいのですが、そうではなく自己中心的だったり自己満足的なものが多いです。

例えば、経営理念という言葉をネット検索してみると、各社の経営理念として次のようなキーワードが多く見られます。

**「努力、発展・繁栄、自由・平等、感謝、コンプライアンス・信頼、希望・夢、感動・共感、顧客満足」**

**これらのキーワードは、どれも良いものですが、使命の視点からすると、自己満足的・抽象的で意味不明で使命から遠いものが多いです。なぜなら「世の中を永続的に良い方向に変革する」という視点が欠如しているからです。**

□努力

努力は良いものですが、何に対して努力するのかを明確にする必要があります。努力を経営理念にする企業ほど、的外れな努力になったり、目的と手段が入れ替わる傾向が強いのでご注意ください。

□発展・繁栄
その会社の発展・繁栄が社会の発展につながればよいですが、企業の発展・繁栄だけを目的にすることが多く、それは自己中心的です。

使命に進むと結果的に発展・繁栄します。

世の中を良い方向に変革しない企業に永続的発展はありません。

□自由・平等
自由も平等も良いものですが、経営理念としては具体性がないことから自己満足的に見えることが多いです。

□感謝
感謝することは大切ですが、理念としてだけで終わっては意味がありません。世の中を良い方向に永続的に変革するから顧客や社会に感謝され、自分たちもそれに対して感謝することになるからです。

□コンプライアンス・信頼

コンプライアンスや信頼は大切ですが、それは会社にとっては当たり前のことなので違和感があります。悪いことをしないことが理念というニュアンスになってしまうからです。これらは理念ではなく社員向けマニュアルなどに記載することです。

□希望・夢

希望・夢を理念にするとカッコ良いかもしれませんが、具体性がないと実現性がないのでそれこそ夢で終わってしまいます。

具体的に自分たちはこのような希望があると表明して実行していくことが理念です。

□感動・共感

感動・共感も大切ですが、世の中を永続的に良くすることをやっているから感動・共感があるのであって、それらを目的にすると的外れになります。

□顧客満足

**顧客満足度を上げることを理念とする会社は多いです。**

**確かに顧客満足度を上げることは良いことですし使命的な部分もあります。しかし、いくら顧客満足度を上げても、世の中を永続的に良い方向にする視点が欠けると使命から遠ざかることになります。**

例えば、

・食感を柔らかくすると顧客に喜ばれるから危険な添加物を使用する

・パチンコの新台は顧客に喜ばれるから新台を大量投入・大量廃棄

これらは顧客満足度を上げてはいますが、世の中を永続的に変革する使命からは外れています。

このようなキーワードを理念とするだけでは企業としては存在価値が薄いため、なくなっても困らない会社になってしまいます。

使命経営とは精神論ではなく、具体的な目標や世の中を良くするイノベーションを実現していくことです。

**これからの時代は、漠然とした理念に基づく「理念経営」ではなく、世の中を永続的に良い方向に変革する使命に基づく「使命経営」に移行していく必要があります。**

## 「コダックと富士フイルムの差」

フィルムカメラが、デジカメになり、さらにスマートフォンになり、フィルムカメラやフィルムの需要は激減しました。その結果、名門だったコダックは破綻してしまいました。一方で、富士フイルムも苦戦はしましたが、現在、化粧品や薬の分野に進出し発展しています。2社の違いは何だったのでしょう。

実は、2社の企業理念には次のような大きな違いがあります。

**□コダックの理念**

高い倫理基準・法令順守・平等・自由

**□富士フイルムの理念**

わたしたちは、先進・独自の技術をもって、最高品質の商品やサービスを提供することにより、社会の文化・科学・技術・産業の発展、健康増進、環境保持に貢献し、人々の生活の質のさらなる向上に寄与します。

**コダックの理念は使命的ではありませんが、富士フイルムの理念は使命的です。企業理念だけでは判断できませんが、使命的な企業理念は、世の中に対して良いインパクトを与え、企業価値があるものとなりやすいと思います。**

日本には創業時から使命的な経営理念からスタートした企業が沢山あります。

□ヤクルト

世界の人々の健康を守る

□ホンダ

世のため人のため、自分たちが何かできることはないか

□京セラ

全従業員の物心両面の幸福を追求すると同時に、人類、社会の進歩発展に貢献すること

□ソニー

社会的責任を伴った健全で革新的な影響力こそが、ソニーの企業価値を高める

## 「100年企業の8割は日本企業」

一般的に、会社の寿命は30年ともいわれ、設立から30年経つと衰退していくのが当たり前になっています。

その中で、100年以上続く会社もあり、これを100年企業といいます。

100年継続している会社は、創業社長から3代目になっている頃なので、100年継続できる会社は、かなり優秀だといえます。

そして、**何と世界で100年以上の歴史を持つ会社（100年企業）の80％は日本の会社だそうです。**

帝国データバンクで100年以上続いている日本の会社の特徴を調べた人が発見した100年企業の特徴は次の3つだそうです。

①企業理念の承継

社長の代が替わっても、理念（使命）を承継できている

②取引先との友好な関係
取引先と友好的な関係を続けている
③番頭や耳が痛い話を言える存在
良いナンバー2がいる

**日本では昔から会社を公器として捉えており、会社の理念には、「社会をいかに良くするか」という視点があります。**

**これは正しい経営理念、つまり、使命経営です。**

そして、正しい経営理念を持った会社には、社外と社内に良い応援者が現れます。

①は、まさしく良い理念・使命の継承です。

②は、良い応援者が社外にいるということです。

③は、良い応援者が社内にいるということです。

さらに使命経営になることで、天も応援してくれるのです。

## 「使命経営とスタートアップ」

最近は日本でもベンチャー企業、「スタートアップ」と呼ばれる企業が増えてきました。起業家は世の中にイノベーションを起こして、新しい付加価値を提供できる人々であり、本来は世の中を良い方向に永続的に変革する人々です。

しかし、**世間でいう一般的なスタートアップ企業は使命の概念が希薄です。世の中を永続的に良い方向に変革するという使命ではなく、いかにして早く大きく儲けるかという視点が強いです。**

使命経営は顧客志向で顧客が喜ぶことを追求するのが基本ですが、スタートアップは、投資家と創業者が莫大な利益を短期間で得られる仕組みであり、急速な企業の成長を求められることが基本になっています。

つまり、顧客志向ではなく「投資家および創業者志向」なのです。

最初から早く「上場する」「売却する」ことを目指して急成長するビジネスを考えることは「どうすれば儲かるか」という視点になりがちです。

使命がなく起業すると、うまくいかなかったり、お金が集まらなかったり、一時的に大金を摑《つか》み、うまくいったように見えても、最終的には放蕩《ほうとう》したり、虚無感に襲われたりします。

起業するとそのうちの9割が5年間で廃業すると一般にいわれていますが、それは使命がないからです。

スタートアップにしても、独立自営にしても、使命がないままでは先行きは怪しいです。今後、SDGs《エスディージーズ》、ESG投資などがスタートアップ企業にも適用されてくると、使命感がない企業、つまり存在価値が薄い企業は資金も集まらなくなっていきます。

**企業価値とは、株主にとっての価値ではなく、社会にとっての価値なので、企業は社会の宝になることを目指す必要があります。**

column

## 明暗を分けたもの

竹内さんと山本さんは大学の同期で、２人とも社長をしています。

竹内さんは、使命感を持って、安全で美味しい食材の流通に関わり、お気楽に会社経営をしていました。

竹内さんにとって仕事は遊び感覚で、日本中の生産者を地道に訪ねていたことから売上と利益は拡大していましたが、急激な伸びはありませんでした。

山本さんは、才能を活かし、機転を利かせ、次々と儲かるビジネスに手広く参入し、頑張って会社経営をしていたので、売上も利益も急拡大して絶好調でした。

最近、オープンしたタピオカドリンクのお店も、流行に乗り大人気です。

そんな２人を知る人たちの彼らへの評価が分かれました。

竹内さんは遊んでいるように見え頑張っている感がないので、皆が心配しました。

山本さんは、努力家で、実によく働いている姿から、皆が安心感を持ちました。

その後、新型ウイルスのために、どちらの会社も業績が悪化しました。

皆は遊んでいるように見えた竹内さんの会社を心配しました。

しかし、竹内さんの会社は一時的に業績が悪くなったものの、使命に共感してくれていた取引先やお客さんなどが応援してくれたので業績はすぐに持ち直しました。

それればかりではなく、安全な食材のニーズがいっきに高まり、以前より、売上も利益も大きく増えていきました。

会社に存在意義があったからです。

一方、お金儲けを追求していた山本さんの会社は、業績が悪くなった時、応援する者もなく、お金目当てに近寄ってきた人たちは遠ざかり、間もなく破綻しました。

会社に存在意義がなかったからです。

皮肉にも起死回生のため、スイーツのお店の原価低減を目的に、安いけど安全ではない食材を使ったため、その危険性が指摘されたのが命取りになりました。

自分の利益のみを追求したことが、破綻の原因です。

存在意義がある会社は、存在自体が社会貢献です。

それゆえ、周りの人たちが応援者になるため、安定した経営につながります。

存在意義がある会社は、ある時点から波に乗るようにビジネスが拡大することも多いです。

使命経営の会社は、世の中を良い方向に永続的に変革していくという目的がありますので、社会における存在意義は大きいです。

一方、お金儲けを目的にすると一時的には大きく成功したように見えるかもしれませんが、危機がきたり、ちょっとしたことが転機になって大変な状況に陥ったり、破綻したりする確率が高くなります。

特に大切なことは動機であり、愛を動機にすることが大切です。

努力しているかどうか、頑張っているかどうかで、人は判断されることが多いですが、本質は、その人の動機と実（結果）なのです。

ところで皆さんは人の一生の評価は何で決まると思いますか？
×どれだけ稼いだか
×どれだけ頑張ったか
×どれだけ感謝されたか
×どれだけ良いことをしたか
×どれだけ葬儀に集まったか

どれも違います。

**与えられた人生の目的をどれだけ達成できたかで、その人の人生の評価が決まります。**

**さらりと書いていますが、とても大事なことです。**

**これが分からなかったために、ほとんどの人が的外れな人生を歩んでいます。**

**このことを知っただけでも、人生が大きく変わる人は多いです。**

## 「真の帝王学」

使命に基づく帝王学（真の帝王学）と一般の帝王学はいくつか違いがあります。まず、王の概念が決定的に異なります。

**真の帝王学では「一人ひとりが与えられた領域で王」と考えます。**

私たちのセルフイメージは、存在だけで価値があるという概念であり、これが真の帝王学の原点です。

一般的な帝王学は次のような立場の人に対する幼少時からの特別教育です。

□一般の帝王学の対象者（の役割・立場）

・王家・伝統ある家柄
・特別な地位の跡継ぎ
・政治家
・企業家の二世以降
・次期指導者

・天下人《てんかびと》（天下を取った人）

真の帝王学では一人ひとりが王という概念なので、究極的には全人類が対象者です。

もう一つ、真の帝王学と一般の帝王学との違いは次の2つです。

**・使命の概念があるかないか**

**・正しいマインドセットの概念があるかないか**

したがって、使命が広がっていない今の段階では真の帝王学は、与えられている立場や役割を主に次のように想定しています。

□真の帝王学の主な対象者（役割・立場）

・リーダーの役割（団体の長など）

・大きな権威を持つ立場（政治家・官僚・外交官など）

・世の中に、突破口を与える役割（開拓者タイプ）

・世の中に、大きなインパクトを与える役割

・権威を継承・相続した立場（社長）

とはいえ、もちろん「一人ひとりが与えられた領域における王」が理想です。

使命に進むイノベーターたちが増えて真の帝王学が広がっていく時代です。

## 「真の帝王学を習得してできること」

真の帝王学を習得して、次のことを身につけることを目指します。

①高度な判断力
②高度なバランス
③高度なリーダーシップ
④世の中に対して良いインパクトを永続的に与えられる

①高度な判断力
正解がないような難しく大事な問題に対して、適切な判断が可能になります。

「蛇のように賢く、鳩のように素直」という表現が聖書にありますが、これは帝王学の判断の仕方やバランス感覚を示します。

②高度なバランス
成功はバランスの中にあります。7つの富はバランスの目安です。

③高度なリーダーシップ
サーバントリーダーを基本に、強いチームを作ります。

④世の中に対して良いインパクトを永続的に与えられる
自分が去った後にも、世の中に良いインパクトを継続して与える仕組みを作ります。

以上は基本的には従来の帝王学と共通するものです。

大きな違いは、使命の概念があるので「性格」「才能」「役割」を考慮することです。

つまり、自分の性格、才能、役割も考慮しますし、仕事においては相手の性格、才能、役割も考慮して仕事をお願いしたり、チーム化することになります。

**特に役割が開拓者タイプの人は、世の中に対して良い意味での突破口を開ける役割なので、帝王学は必須です。**

## 「自分が賞賛されないようにする」

権力を持つと、自分が賞賛されることを願ったり、願うわけでなくても賞賛されると心地よいので、いつの間にか高慢になったり、自分が賞賛されることを目的にしてしまいますが、それは典型的な間違いです。

**自分が賞賛されないようにすることを意識するのが大切です。賞賛願望は決定的に、帝王が陥りやすいことです。**

力を持てば持つほど、注目されますが、自分が賞賛されないようにすることを意識しないと、すぐに高慢に堕《お》ちていきます。

もちろん、ブランディングとして、自分が前面に出る場合も多いですが、それは、役割として自分が前面に出ているということだけにしないといけません。

例えば、大統領は、自分が前面に出なくては仕事になりません。
前面に出るのが役割だからです。

一方、謙虚が大切と、おとなしく静かに何もしないというのもダメです。
つまり、次のようなバランスが大切です。
×自分が注目されるため（高慢）
×自分は隠れている（自己卑下など）
○王の責務を執行する責任感から前に出る

**志高く、正しく使命に向かって進み、大きな成功をした後、高慢になって失敗していく例は人類の歴史上、実に多いのです。**

歴史から学ぶことが大切です。

# 「王は自分でなるものではない」

間違ったマインドセットは「王になるために頑張る」ですが、正しいマインドセットは「王であることに気づく」です。使命とは、「与えられた領域において王である」という考え方です。

**次の王は、現在王位にある、つまり王として権威を持つ者の判断で、決められることになります。**

これが王位の継承の仕方です。

王は多数決で決めるわけではないということです。

また、王になろうと思う人は王になれないケースがあります。

トップになりたいと思う人は、その気持ちがあるためにトップになれない世界です。

**例えば、経済同友会の会長になりたいからと、皆に根回しなどしようものなら、会長としての欠格要件になるのではないでしょうか。**

郵 便 は が き

料金受取人払郵便

代々木局承認

6948

差出有効期間
2020年11月9日
まで

1 5 1 8 7 9 0

203

東京都渋谷区千駄ヶ谷 4 - 9 - 7

(株) 幻 冬 舎

書籍編集部宛

1518790203

| | |
|---|---|
| ご住所 〒<br>都・道<br>府・県 | |
| | フリガナ<br>お名前 |
| メール | |

インターネットでも回答を受け付けております
http://www.gentosha.co.jp/e/

裏面のご感想を広告等、書籍の PR に使わせていただく場合がございます。

幻冬舎より、著者に関する新しいお知らせ・小社および関連会社、広告主からのご案内を送付することがあります。不要の場合は右の欄にレ印をご記入ください。

不要 □

本書をお買い上げいただき、誠にありがとうございました。
質問にお答えいただけたら幸いです。

◎ご購入いただいた本のタイトルをご記入ください。

『　　　　　　　　　　　　　　　　　　　　　　　　　』

★著者へのメッセージ、または本書のご感想をお書きください。

●本書をお求めになった動機は？

①著者が好きだから　②タイトルにひかれて　③テーマにひかれて
④カバーにひかれて　⑤帯のコピーにひかれて　⑥新聞で見て
⑦インターネットで知って　⑧売れてるから／話題だから
⑨役に立ちそうだから

| 生年月日 | 西暦　　　年　　月　　日（　　歳）男・女 | | | |
|---|---|---|---|---|
| ご職業 | ①学生 | ②教員・研究職 | ③公務員 | ④農林漁業 |
| | ⑤専門・技術職 | ⑥自由業 | ⑦自営業 | ⑧会社役員 |
| | ⑨会社員 | ⑩専業主夫・主婦 | ⑪パート・アルバイト | |
| | ⑫無職 | ⑬その他（　　　　） | | |

このハガキは差出有効期間を過ぎても料金受取人払でお送りいただけます。

ご記入いただきました個人情報については、許可なく他の目的で使用することはありません。ご協力ありがとうございました。

根回ししたり、リーダーになりたい人がなれるポジションは、奴隷の親分のポジションであり、王のポジションではないからです。

リーダーの思いで会の品格が決まるので、リーダーが正しいマインドセットでないと、会自体の品位が下がります。

王としての権威は、その前の王から承継されるという概念はとても大切です。

人は、与えられた領域において王であり、リーダーの役割が与えられている人にはリーダーの権威が与えられているので、何もいわれなくても人はついていきます。

リーダーとしての役割・権威が与えられていない人がリーダーとなった場合、本人が努力しても皆がついてきません。

この人をリーダーにすればコントロールしやすいからという理由で、リーダーシップのない人をリーダーにした場合、迷走する組織になります。

**あなたには、与えられた領域における王としての権威が与えられています。**

# 権威の大切さ

帝王学において「権威」は最も重要な要素です。

代々、王は後継者を育成し、次の後継者が指名されて王になります。

つまり、王座を預かり、王を指名する者には「権威」があります。

そして、後継者は王に指名され、その権威を受け継ぐことにより、能力を発揮します。

会社でいえば、どんなに能力や才能があっても、上に引き上げられなければ、その実力を発揮できないのと一緒です。

権威を与えられるから人は能力を発揮できるので、権威を否定したり、軽視して自分の力だけで成功しようとすると難しくなります。

「頑張らないと成功しない人」と「そんなに頑張ったつもりはないけど、なぜかいつも成功が続く人」の差は、この権威を認めるか認めないかの違いであることが多いです。

権威は成功の3原則、正しいマインドセットとも密接に関係してきます。

成功の3原則にある最高のセルフイメージとは、謙虚と自信が両立している状態です。

王は権威を敬う者です。

謙虚さと自信がある状態は、権威に対して敬意を持つことと同義になるからです。

ちなみに謙虚さと自信の反対は、高慢とプライドです。

自信と高慢は捉え違えやすいので、注意が必要です。

健全な自信には謙虚さが常に同居しています。

**ちなみに事業承継で問題となるのは後継者にカリスマ性がないことですが、これは使命経営に転換するチャンスです。**

**事業承継で大切なことは権威の承継と使命の承継、そしてカリスマリーダーからサーバントリーダーへの転換だからです。**

## 「権威に対して敬意を持つ」

人にとって最も身近な権威は、「父親」です。

**父親の権威に敬意を持つことはとても大切です。**

**仕事でも投資でも父親の権威を認める人、父親を敬う人は成功しています。**

実際に私の投資や使命のセミナー受講者からは「父親の権威を認め父親を敬うことができ関係が良くなったら、仕事も投資も利益をしっかり出せるようになった」という報告を沢山いただいています。

父親の権威を認めるだけで、大きく人生が良い方向に変わる人は多いのです。

ここで最大の注意点は、敬う、尊敬、敬意を、父親の行い、態度、人格、能力に対するものだと捉え違えてしまうことです。

そうではなく、**敬意を払うところは「自分の代まで世代を守り、受け継いできたこと」**

**であり、それができれば天に生かされているということも分かってきます。**

「産んでくれただけでありがとう」という感謝の概念に近いです。

**今まで、父親との関係が悪く、関係が修復できない方のほとんどにおいて、おそらく父親の行い、態度、人格、能力に対する思いがその原因だと思います。**

**例えば、虐待された、家ではだらしがない、愛してくれないなどがあります。**

**真の敬意は、行い、態度、人格、能力とは関係ありません。**ある意味とてもフェアです。父親にされたことを無理やり肯定する必要もないですし、今は会うことができなくても敬意を持つことができます。

視点を変えると、「自分の代まで世代を守り、受け継いできたこと」に敬意を持つことが本質なので、それ抜きの能力や人格に対する尊敬では本来の意味がありません。

**先祖から脈々と引き継がれてきた命の継承に対して、自分の一代前の親のところで敬意を払えず、否定してしまうことは「自分が生かされている」ということ自体も否定してしまうので、使命から遠くなるのです。**

## 「権威の本質」

権威を敬うことにおいて、もう一つ、とても大切なのが、「お友達感覚」にならないことです。

父親と仲が良いのに、いまひとつパッとしなかったり、健全なセルフイメージが持てていない場合は、父親とのお友達感覚が原因の可能性があります。

父親が好きで仲が良いことはもちろん良いことです。

愛されていて仲が良くて敬意が持てているのは最高の状態といえます。

**しかし、お友達感覚だけでは敬意を持っているとはいえません。**

**これも最も勘違いしやすいところの一つです。**

父親に対して砕けた口調で話したり、こき使ったり、過剰に甘えたりすることは敬意を損ねる可能性があります。

「権威を敬う」という概念が大切です。

もう一つ注意点として、権威を敬うことは父親や権威に対してなんでも従えばよいというわけではないことが挙げられます。

それは思考停止であり、自立している状態とはいえず、成功からは遠ざかります。

帝王学の視点で権威の仕組みは、簡単にまとめると次のようになります。

**天の祝福は親から子、子から孫へと承継していきます。**

**父親を拒絶する人は、先祖から代々受け継いでいる祝福を拒絶することになります。そして、自分に与えられている使命に基づく権威をも否定することになります。**

**これは全ての人に当てはまることです。**

## 「子供を認めることの大切さ」

親子の関係が良いと、子供は成功に導かれやすくなります。

しかし、子供がまだ小さい時に、「権威に敬意を払うこと」と話をしても、ちんぷんかんぷんだと思います。

子供が小さい時は、「親が尊敬される」ことが一番良いのですが、子供は非常に鋭く、親の嘘も見抜きます。

ある意味大人より厳しく大人を見ており、結構、子供から尊敬されることは難易度が高いかもしれません。

また、反対に、いくら素晴らしい親であっても、子供の側に敬意の気持ちがなければ結果にはつながりません。

**子供が小さい時に最も良いのは、「親が子供を認めてあげること」です。**

親子関係が悪く、特に父親に敬意を持てない子供は「父親が子供を認めないから、子供も父親を認めない」というケースが多いようです。

親、大人からしてみたら、子供の何を認めるのだ、ということもあるかもしれませんが、小さい子供に親の良いところを探させるよりも、大人が子供の良いところを見つけてあげた方がよほど現実的です。

また子供が親に対して「世代を受け渡してくれたこと」に敬意を払うように、親も子供に対して「この時代を生きていること」を認めるくらいがちょうどよいです。

子供はまだ子供なので、大人の水準、大人になっていない、経済的にも精神的にも自立していないことを槍玉にあげてしまうと、永遠に認められず、負のスパイラルに陥ります。

また、子供を認めることは、子供のわがままを無制限に聞くことではもちろんありません。悪いことをしたら教えることも親の役割です。

**愛していること、存在だけで価値があると認めてあげることが大切です。**

## 「教育の本質」

学校の先生たちが一番困っていることの一つは、「なぜ勉強するか」を子供たちに説明できないことです。

「算数は大嫌い。何で算数なんか勉強するの？」

「日本語は普通に使えるし、何で国語を勉強するの？」

この答えがもし「頑張って勉強すれば、良い会社に入って高い給料をもらうことができるようになるから」だったら、間違ったマインドセットを強化することになります。

「才能・能力を伸ばして活かす」のではなく、「給料の高い会社に行くために試験で良い点を取る」を目的にするのは奴隷的な考え方です。

「なぜ、勉強するのか？」を無視し、勉強の本質を教えることなく勉強を押し付けることは「意味を説明しないで勉強させる」「なぜ、○○なのかを考えさせない」という奴隷教育になります。

さらに教育においては、子供の性格、才能を考慮するという、誰が聞いても当たり前だと思うことが充分に浸透しているとはいえません。

帝王学における教育の定義をします。

これも、今まで誰も言っていないことだと思いますが、極めて大切な概念です。

**「教育とは、将来、王になるべく生まれてきた王子・王女を、立派な王となるために整えていくことです」**

王は基本的なことを学ぶ必要があるので、嫌いな算数も国語も、ひととおり基本学習として学ぶ必要があります。

王が「計算できない」「国語が正しく使えない」となると王としての務めができません。天から与えられた使命を果たせるように、一人ひとりを立派な王として整えていくことが教育です。

**天与の才能や能力を見いだして、活かし、伸ばしていくのが教育者の使命であり、親の使命です。**

## 「王子・王女を整える」

王子・王女を整えるためには、指導する側が正しいマインドセットの3原則である、**正しい目的・正しいセルフイメージ・正しい動機を持つことが大切です。**

間違ったマインドセットの人が教育者になると奴隷教育となります。日本の現在の教育を見ていると、かなり奴隷教育になっています。

間違ったマインドセットの教育の特徴は次のとおりです。

□間違った**マインドセットの教育の特徴**

・教育の目的を教えない、間違った目的を教える
・個性・ユニークさの価値を無視（〇×テストの成績で評価）
・型に合わせる
・均一化され、教えられたことを模倣する

・言われたことを忠実に実行するように教育する
・先生の教えることをそのまま覚える
・自分で自由に考えさせない
・「なぜ」と考えさせない
・間違ったことを教える

たとえ「自分で考えるように」と言ったとしても、「この枠組みや範囲の中だけでなら考えてもよい」という意味であることが多いです。

ゼロベースから発想したり考えたりすることは奨励されません。

先生の教えることをそのまま覚えることが基本で、教えられた型に合わせることが、よしとされます。

その結果、みな均一化され、教えられたことを模倣するか、言われたことをそのまま実行するだけの、奴隷のような人が育っていきます。

日本の場合、特にあらかじめ枠を決めてその中でやらせる形式が多いのですが、それはある意味、国民性でもあります。

日本人には性格タイプに雄牛タイプが多く、雄牛タイプは自由にやってよいと言われると何をしてよいか分からないで固まってしまうことが多いのです。

反対に目先の目標や枠を与えられると、それを忠実に達成することが得意なタイプです。

しかし、雄牛タイプ以外のタイプは、それが嫌いです。

**正しいマインドセットの教育の特徴は、自分で自分の道を考えるようにすることです。自由に発想できるようにし、各自に与えられている才能を引き出し、自分で考えさせ、創造性が伸びるようにします。**

正しいマインドセットの教育と間違ったマインドセットの教育を対比してみましょう。

| □正しいマインドセット | □間違ったマインドセット |
| --- | --- |
| 創造的 | 模倣的 |

| | |
|---|---|
| 自分で考える | 自分で考えずに他人の考えに従うだけ |
| 好奇心がある | 好奇心がない |
| 積極的、能動的 | 消極的、受動的 |
| 主体的、自発的 | 従属的、傷つきそうなことは避ける |
| 根源的な原理原則を習得 | 目先のノウハウを覚える |
| 正しい目標を持つ | 目標が的外れ、目標がない |
| 計画的 | 無計画、気まぐれ、中途半端 |

子供たちに、どちらになってほしいかは明らかです。
間違ったマインドセットの教師や親は子供を奴隷に育て、正しいマインドセットの教師や親は子供を王に育てます。

**子供を将来の王、女王として整えることは親の大事な使命です。**

# 「人生で一番大切なことは天とともに歩むこと」

従来の帝王学と、真の帝王学の大きな違いは、使命の概念があるかないか、正しいマインドセットの概念があるかないかの2つです。

そして、その2つにまたがる概念として、真の帝王学の根幹を成すものがあります。

それは「天とともに歩む」という概念です。

「人生で一番大切なことは何か」という質問にはいろいろな回答が返ってきます。

・自分を信じる、あきらめない・自分の心に正直に生きる
・目的を設定し達成する・自分を高める・感謝の心・素直さ
・行動・情け・高潔さ・努力・忍耐・神を信じる・隣人を愛する

どれも大切なことですが、一番大切なことではありません。

また、「価値観・答えは全員違う」「最終的な答えはない」「人それぞれ」という考え方は答えが多数あることを多様性と勘違いしたり、思考停止した結果でしょう。

**人生で一番大切なことは「天とともに歩む」ことです。そして、これが使命の一番大事な本質です。**

**つまり、日々、天の願いと自分の願いが一致する方向に進むことが使命そのものであり、それが一番大切なのです。**

天とともに歩むことは、3つの成功法則を内包している概念でもあります。

①（あなたは）愛されている存在である（最高の動機、愛を原動力にする）

②（あなたは）存在するだけで価値がある（最高のセルフイメージを持つ）

③人生には目的がある（最高の目的、使命がある）

真に成功を収めている経営者は、天とともに歩むことが一番大事ということに対して、まさしくそのとおりだと理解していると思います。

自分の努力を超えて、風が吹いたようにトントン拍子で順調に物事が進んだ時は、正に天とともに歩むような感覚です。

映画『スター・ウォーズ』の言葉「フォースとともにあれ」とも似たような感覚です（『スター・ウォーズ』はとても深い映画で、フォースを天に置き換えて観ると面白いです）。

## あなたを使命に導く言葉　4

組織に働く者は、組織の使命が社会において重要であり、他のあらゆるものの基盤であるとの信念を持たねばならない。この信念がなければ、いかなる組織といえども、自信と誇りを失い、成果をあげる能力を失う。

――ピーター・ドラッカー

# 5

# 使命の特徴

## 「使命は飛躍」

使命に進んだ時の実感を一言で表すなら「飛躍」です。

飛躍のイメージは次のようなものです。

・植物の種から芽が出てくる
・桜の木の枝から急に花が咲き満開になる
・サナギから蝶が出てくる

自然界では、段階を踏まず、あるいは傍目からは変化は分からないけれども生き物が、急激に形態変化することがあります。

そのような急激な変化、飛躍のイメージを念頭に置くと、使命の理解と実際に使命に進んでいるかが摑みやすくなります。

**一般的に、何かに向かって進む時、目標に向かって、一歩一歩階段を登っていくような**

**変化や進歩をイメージしますが、使命は、階段ではなく飛躍です。**

使命に進んでいない人生から使命に進んだ人生に変わると、これが同じ人なのかと思われるくらい別人のようになるのです。

それは周りからもそのように見えることもありますが、何よりも自分がそう実感するでしょう。

**大事なのは新しい創造です。**

ガラテヤ6・15

## 「愛が動機」

経営者の多くが読み、名著といわれている書籍に次の2冊があります。

『人を動かす』（デール・カーネギー）

『影響力の武器』（ロバート・B・チャルディーニ）

これらは欧米の成功法の基本のような存在ですが、内容的に良いことが書いてあるもののタイトルが残念です。

タイトルが間違ったマインドセット、的外れになってしまっています。

**『人を動かす』というタイトルには「人をコントロールすることで成功しよう」という裏メッセージがあります。**

**『影響力の武器』というタイトルも同様に「影響力の武器を使って成功しよう」という裏メッセージがあります。**

人をコントロールしようとするコントロールスピリットを感じるタイトルです。人はほとんどの場合、無自覚で他人をコントロールしようとするのですが、それは間違ったマインドセットからきます。**真の成功に必要な正しいマインドセットは愛であり、与えるという概念です。**

これらの本には良いことが書いてありますが、いくら良いことが書いてあっても動機が間違っていると良い実を結びません。

良い実を結ばないとは、良い結果をもたらさないということで、反対に間違ったマインドセットを拡大することになるかもしれません。

**これらの本のタイトルに違和感を持つ人はほとんどいないので、私たちが住んでいることの世界は間違ったマインドセットに慣れていて、間違ったものが当たり前になっている状態だということが分かります。**

どんなに素晴らしい内容の本であっても読む目的が自己利益の追求であるなら、良い結果にはなりません。

**使命に進む前に正しいマインドセットを身につけることが大切です。**

**使命には権威が与えられているので、自己中心的に権威を使ってしまうと一時的に成功したように見えても最終的に貧困に陥ることになるからです。**

## 「使命は自然体」

あなたの心が楽で、楽しくて、本来の自分らしくある時、あなたは最大限の能力を発揮します。表裏がない素の状態、自然体が一番強いです。

これが使命です。

つまり、使命とは肩肘を張った世界ではないのです。

あなたは、あなたでいることが一番良いことであり、本来の姿に戻ることが使命です。

**他の人と同じにすることや、有名人に似せようとすることは、自分の一番大切な部分に覆いをかけることです。**

**あなたは、あなたらしくいる時、一番魅力的なのです。**

自然体であり、正しいマインドセットで、あなたらしくあること。それこそが激動の時代に求められています。

今の仕事をしていて、全く窮屈で、ワクワク感もなく、自分の能力を発揮できていない。

そう感じる時は自分が使命に進んでいないのでは？　と疑ってみることも必要かもしれません。

あなたが使命に進んでいないとしたら、社会の中でそれを担うべき人が欠けている状態です。

それは社会にとって大きな損失であり、あなたにも社会にももったいないことなのです。

ただし、一つ間違ってはいけないことがあります。

使命に進むとワクワクしますが、ワクワクすることが使命とは限りません。

世の中を永続的に良い方向に変革することでなければ、いくらワクワクしても使命ではないのです。

分かりやすい例としては銀行強盗をすることに対していくらワクワクしても、それは使命ではないということです。

**あなたは、あなたであるために生まれてきたのです。**

# 「使命のパターン」

**私たちに与えられている性格・役割・才能の方向に使命があります。**

それぞれ人はユニークで、使命のパターンがあります。

1．一直線タイプ

分かりやすく言えば天才ピアニストタイプです。生まれた時から、誰に言われたわけでも、教わったわけでもなく、素晴らしいピアノが弾ける、モーツァルトのような人がこのタイプです。

2．様々な経験を積むタイプ

様々な仕事をしながら徐々に使命に目覚めていく、あるいはある日きっかけがあって、使命が明確化するケースがあります。

例えば、多くの社会経験を積み総理大臣になるなどです。このタイプはプロセスそのものが使命ともいえます。使命に進むことに年齢制限はありません。

3. 置かれた場所で使命を発揮するタイプ

一つの場所で使命を発揮するタイプです。ある会社の職種であったり、ある地域のリーダーであったり、ある特定のところにハマると力を発揮するような人は、こちらのタイプに該当する可能性があります。また、専業主婦でも夫や子供の健康管理や家庭で子供を育てることも、重要な使命であり、「家庭」という、一つの場所で使命を全うしている、ということになります。

4. 突破口を開けるタイプ（一つ終われば次）

先ほどの例とは対照的に、一つのところに留まらないタイプです。一つのプロジェクトが完了したら、次のプロジェクトを時に全く別のチーム、別の場所で行うタイプです。最近で言えば、イーロン・マスクのような連続起業家などがこのタイプと呼べるでしょう。

**また、使命とは生き方であり存在自体でもあるので次のようなものも使命です。**

5. 愛を持って正しい生き方をして、喜びの人生を送ること

6. 日々、天とともに歩むこと

## 「使命は多様性・使命は廃れない」

自己中心的に、お金を目的に頑張ってきた人が、気づいたら使命に歩んでいるケースもあります。

**給料が高い会社や利益が大きい仕事を追求してきたり、散々、的外れなことをしてきたのに、いつの間にか使命的な仕事をしていることがあります。**

**使命にたどり着くためのあらゆる多様性があるということです。**

例えば、給料が高いからという理由で選択した仕事も、そこで得られた知恵がのちのち使命に進むための大切な要素になるというケースもあります。

全く無駄と思っていたことさえも、益となるケースもあります。

遠回りしてきたゆえに、その経験が活かされるケースもあるということです。

多様性という意味では使命は何歳になっても進むことができます。

何歳になっても使命は変わることがありません。定年退職後でも使命の方向に進むことは大切です。

ケンタッキーフライドチキンは、今や全世界に展開しているビッグビジネスとなっていますが、フランチャイズ第1号店のスタートはカーネル・サンダースが62歳の時でした。彼は自己資金がなかったので、新しい画期的なビジネスモデルを作りました。レシピを教えて売上の歩合を得るという「フランチャイズ」を展開したのです。一軒一軒、レストランに営業をしていき、それこそ、ほとんど断られたところからのスタートだったそうです。

**人は何歳からでも偉業を成し遂げる可能性があります。**

**愛と使命は廃れることはありません。**

## 「何が使命ではないか」

使命は自分で作るものではなく生まれる前から与えられているものです。
自分がなりたいものが使命でない可能性もあります。

使命ではない例として次のものがあります。

・年収1億円を目指す
・総理大臣になる
・会社を上場させる
・儲かるというだけで選択したビジネス
・早くリタイアして遊ぶ
・慈善活動をする

「年収1億円」や「総理大臣になる」は手段であって目的ではありません。**なんのために、1億円欲しいのか、なんのために総理大臣になりたいのかが重要です。**

例えば、総理大臣になって日本を良い方向に変革するのが使命であれば、総理大臣になることも使命の一環です。

会社の上場にも同じことがいえます。

儲かることだけでビジネスを始めるのも、自己中心的な間違ったマインドセットなので、使命とは異なります。

この中の「慈善活動をする」は一番意外に思われたかもしれません。

もちろん、慈善活動がその人の使命であればよいのですが、実は良いことであっても、自分に与えられていないことをするのは、本来進むべき使命に進んでいない、つまり使命を邪魔することになります。

これが分かることで、今までの閉塞感から解放され飛躍する人も少なくないでしょう。

## 「使命は社長になることではない」

使命と聞くと、すぐに独立して社長になることだと思う人もいらっしゃると思いますが、使命とは、そのようなものではありません。

使命は全ての人に与えられているものなので、全ての人が社長になることはありません。

**私たちが置かれたところで使命を発揮することが大切です。**

確かに使命の基本は自立することですが、自立とは社長になることではなく、会社であれば、社員一人ひとりが自立して働くことを意味します。

つまり、会社に依存するのではなく、言われたからやるのではなく、自分の頭で考えて自主的に動くこと、このような状態が使命的です。

これは社長から見れば、会社に一番いてほしいナンバー2であり、会社の宝といえます。

また、もし経営者になって世の中を変えていくことが使命だとしても、その会社の新規事業部のリーダーであったり、子会社の社長だったり、独立したとしても、その会社とのパートナーだったりすることも多いでしょう。

**今までの環境や経験や人間関係も使命のためにあることが多いのです。**

次の話が参考になると思います。

□宇宙に人を送り出す仕事

ある人が、知り合った人に、「どんなお仕事をしていますか？」という質問をしたところ、その答えは、「宇宙に人を送り出す仕事をしています」でした。

詳しく聞いてみると、その人はアメリカ航空宇宙局（ＮＡＳＡ）の食堂で配膳をしている方でした。

ＮＡＳＡの食堂で料理を作るのではなく、料理の配膳の担当です。

ＮＡＳＡでは何万人もの人が働いています。

この人にとって仕事はたんなる配膳ではなく、ＮＡＳＡの「宇宙に人を送り出す」という巨大なプロジェクトの一部を担う役割を持っていることをいつも意識しているということでした。

このように、高い意識を持つことで、充実感があり、質の高い仕事ができますし、高いセルフイメージも構築され、給料や報酬にも反映されていきます。

## 「自立と自己責任」

使命に基づく正しいマインドセットの基本に自立と自己責任があります。

自立しているので、自主的に物事を進めます。

自主的とは自分の責任でやるということです。

**ビジネスでも、投資でも、人間関係でも、全ての分野で大切なことの基本が自己責任です。**

今の状態が、良くても悪くても、自分が選択してきた結果であり、全てが自己責任です。

- 貧乏に生まれた・裕福に生まれた
- 親から虐待された
- きちんと学校に行っていない
- 間違ったマインドセットの教育を受けた
- なにくそと、ずっと頑張ってきた
- 周りの人が間違ったマインドセットの人ばかりだった
- 人生で一番大切なことが使命だと教えてもらわなかった

これらの理由で、うまくいってないとしても人のせいと思わないことが大切です。

ただし、セルフイメージが低いまま、自己肯定感が低いまま、自己責任を考えると、自分で自分を追い込んでしまうので、セルフイメージを高めることが大切です。


また、興味深いことに、自己責任感が強いと心に傷がつきにくいということがあります。

何か嫌なこと、ショックなことが起きた時、自分にも責任があると思う人は、理不尽とあまり思わないので心に傷がつきにくいです。

自分には責任がない、相手が一方的に悪いと思う人は、理不尽と強く思うので心に傷がつきます。


**自立と自己責任は使命に進むための大事な心構えです。**

**責任を持つことで見える景色が変わるのです。**

## ®第3の豊かさ

第3の豊かさとは、今まで認識されていないものの極めて大切な豊かさであり、世界でも過去使っていない言葉です。

豊かさといえば、まず物質的な豊かさがあります。お金・健康・美しさなど目に見える豊かさであり、多くの人が最初に求めるものです。

物質的な豊かさを得ていくと、次に精神的豊かさを求めます。他人の役に立ち、感謝されることで精神的に豊かになるのです。

ほとんど全ての人が、「物質的な豊かさ」と「精神的な豊かさ」で終わってしまいますが、実はその上に「存在の豊かさ」があります。

□第3の豊かさ

①物質的な豊かさ　お金・健康・美しさなど目に見える豊かさ

②精神的な豊かさ　感謝される・他人の役に立つ

③存在の豊かさ　存在するだけで価値がある

**第3の豊かさ、「存在の豊かさ」とは、私たちの存在自体に価値があるので豊かということです。何かをしていなくても、病床にいても、テストの点数が悪くても、存在するだけで価値があり、豊かであるという概念です。**

**第3の豊かさは、成功の3原則を全て集約したようなものです。**

□成功の基本3原則

①愛されている存在。愛を動機とする

②存在だけで価値がある

③人生の目的は世の中を良い方向に永続的に変革すること

つまり、愛される存在であり、存在だけで価値があり、人生には素晴らしい目的があるという存在は、まさしく豊かです。

**「物質的な豊かさ」「精神的な豊かさ」「存在の豊かさ」の3つが揃って初めて真の豊かさを理解することになります。そして真に豊かであることが、私たちの使命です。**

一般には物質的な豊かさから求めていきますが、正しいマインドセットだと存在の豊かさからスタートし、精神的な豊かさと物質的な豊かさを得ていくのです。

**第3の豊かさが分かると、人生は全く違うものになるのです。**

## 「幸せになることが使命」

**私たちが幸福になることは天の願いであり極めて大切なことです。誤解を恐れずいえば人生の目的・使命は幸福になることといってもよいです。**

ただし、使命の本質を正しく理解していない人、世俗的な人、宗教的な人が、これを聞くことで大きな勘違いをする概念なので正しくご理解ください。

□世俗的な人は使命を次のようなものだと思います
×幸福になろうと思って、お金持ちになることを目指す
×自己中心的な目標を設定し、頑張って達成しようとする（例：年収1億円）
×南の島で遊んで暮らすことを目標にする

□宗教的な人はこれを全く理解できず次のような状態になります
×人が幸せになることは使命の概念とは違うと思う
×使命には修行・苦行・自己犠牲が伴う

×自分のことはおいて世界を良くしようとする
×自立して仕事ができていないのにボランティアに専念する

ここで使命の本質をまとめると次のようになります。

□使命とは

**①世の中を良い方向に永続的に変革する**
**②天国のような良い環境を創る**
**③7つの富を拡大する**
**④正しいマインドセットを身につける**
**⑤正しいマインドセットを拡大する**
**⑥間違ったものを正しいものにしていく**
**⑦天とともに歩む**
**⑧喜んで正しく生活をする**
**⑨真に豊かになる**
**⑩幸せになる**

## 「言いたいことを言い、やりたいことをやるのが使命」

自我を捨てる、自分を無にするという表現が、いろいろな教えの中にあります。

しかし、これらは、間違ったマインドセットにより、次のように間違った解釈をされていることがほとんどです。

□間違ったマインドセット（間違った解釈）
×自分を出さない
×自分を愛さない
×修行　宗教的
×人里離れこもる　自虐的

しかし、正しいマインドセットでは、全く違った解釈になります。
つまり、すごく大事なことですが自分を無にするとは次のような意味です。

□正しいマインドセット（正しい解釈）

○天の思いと自分の思いが一致すること
○自己中心的な自分の思い・願いが消えて天の思い・願いに入れ替わること

**使命に進むことは、天とともに歩むことであり、天の願いと自分の願いが一致していくことになります。**

そもそも天の目的と人の目的は一致しているからです。

**自我を捨てる・自分を無にするとは、天の思いと自分の思いが一致することなので、言いたいことを言い、やりたいことをやると祝福され、繁栄することになります。正しいマインドセットになると私たちが言いたいこと、やりたいことが天の願いと同じになるからです。**

興味深いことに、これは極めて大事な基本的なことなのですが、超高学歴の人でも理解できないことがあります。使命という人生で一番大切な概念が今まで、広がらなかった原因の一つでもあります。

**本書を繰り返しお読みいただくことで理解いただけるようになると思います。**

## 「ブタに真珠」

ブタに真珠とは、価値が分からない者に、価値あるものを与えても無駄ということです。

人生において、一番大切なことは使命であると聞いた時、受け取る側は次のように分かれます。

①確かにそうだと理解する
②ピンとこない・分からない
③それは違うと思う

確信を持って間違える層が一定数存在します。

ここで、大切なことは、

「ピンとこない」人に詳しく説明するのはよいですが、

**「それは違うと思う」人に、納得させようとしない・説得しようとしないことです。**

**反対する人は見送り、聞く耳のある人だけに詳しい説明をするというスタンスが極めて**

**大切です。**

**相手を納得させようとする・説得しようとする行為は、人をコントロールしたいという間違ったマインドセットだからです。**

ブタに真珠を与えると4つの悪いことが起きるといわれています。

①ブタが怒る
②怒られた自分の気分が悪くなる
③真珠がもったいない
③本来、真珠を受け取る人が受け取れなくなる（機会損失）

周りの人に使命の大切さを伝える時に、相手を納得させようとしない・説得しようとしないで、理解いただけない時には、まだ理解までに時間がかかると思っていればよいでしょう。

**全てのことには時があります。**

column

# オーラゼロの男

以前、関西で開催した私の使命セミナーに参加された、企業研修コーチを養成するプロコーチの方が、東京まで会いにこられました。

「今まで、たくさんのセミナーに参加してきました。どの講師も、それぞれ程度は違ってもオーラがありましたが、松島さんは、オーラがゼロでした。過去にオーラゼロの講師は見たことがないので、是非お話ししたいと思ってきました」

これは褒め言葉で、今まで出会った講師は全員「説得したい・納得させたい・感動させたい・自分のファンになってもらいたい」との思いを込めて語っているのですが、私には、それが全然なかったそうです。

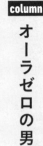

「松島さんのセミナーを受けて、今まで自分が正しいと思っていたことを、いくつもばっさり否定され、怒りの感情が湧くような衝撃的な内容の話なのに、こんなにタンタンと語るのは衝撃的だった」ということでした。

話している内容のインパクトと、タンタンとした話し方が対照的だとのことでした。もちろん、「内容もすごく良かった」とのことでした。
オーラとは違うかと思いますが確かに私のスタンスは次のようなものになります。
・納得させる・説得するつもりがない
・反対する人は分からなくてよい
・分かる人には、しっかり教える
・自分を売るつもりがない
このようなニュートラルなスタンスがとても大切です。
ニュートラルなスタンスとは自分では色をつけずに、真理をストレートに流す管に徹するという概念です。
そして、大事なことは、
どれだけ、頑張ったかではなく
どれだけ、話が良かったかではなく
どれだけ、感動させたかではなく
どれだけ、影響を与えたかでもなく
**どれだけ、世の中を良い方向に変革できたかで判断されることで、人の視点による評価は関係ないのです。**

## あなたを使命に導く言葉　5

成功する人間になろうとせず、価値ある人間になろうとしなさい。
誰かの為に生きてこそ、人生には価値がある。

――アインシュタイン

# 6 使命に進む

# 「使命は奇跡が当たり前」

使命に進むと次のようなことが、身の回りに起きます。
・お金がついてくる
・才能が開花していく
・知恵が与えられていく
・良い人間関係が広がる
・良い環境が整う
・運が良くなる

**使命に進むと天の応援があるので奇跡的なラッキーが当たり前になります。これは運が良くなるということです。**

そして自分の実力以上のものを発揮することになります。
①才能・能力以上

②努力以上
③直感以上

ということは次のようなことは使命から外れていくので避けてください。
×運を良くするために使命に進む（使命を自分の武器にする）
×自分の力で運を良くしようとする
×開運グッズなどに依存したり運を引き寄せようとする

**真に成功した経営者の感覚は「天に生かされる」「社会に生かされる」ですが、これは天が応援者になっている状態のことを指しています。**

**自分の経営能力や才能を超えて仕事が進んでいくからです。**

具体例がないとイメージが湧かないと思うので、私の体験を、ご紹介します。

column

## 奇跡的に10億円を守る

私の仕事はお客様の資産を増やすことと守ることです。

お爺さんとお婆さんのお客様2人で約10億円の土地を持っていたのですが、自宅が空き家で不在地主だったことから事件が発生しました。

詐欺師が目を付け、悪知恵を使い10億円の土地を奪うため、でっちあげの裁判を起こしたのです。

2人は何も悪いことをしていないのに訴えられてしまいました。

裁判に被告が欠席すると欠席裁判となり詐欺師たちが勝ち、土地を取られてしまいます。

私が、お婆さんから依頼された別件の調査のため、たまたま空いた時間に現地に行くとポストの中に不在通知が入っていました。

確認すると裁判所からの送達だったので弁護士を立て裁判が始まりました。

でっちあげの裁判なので当然地主は裁判に勝ち、10億円の土地を守ることができました。

詐欺師たちは、不在通知がポストに配送されたらすぐ回収して欠席裁判にしようとしたわけなので、まさに不在通知が配送された直後、奇跡的なタイミングで先に私が回収したので詐欺師たちの計画は破綻しました。

数十分か数時間の差で彼らより先に不在通知を回収できたのです。

私は、たまたま回収しただけで、頭を使ったわけでもなく、努力したわけでもなく、直感があったわけでもなく、奇跡的に10億円の土地を守ったのです。

使命に進むことで奇跡的なことが起きるのは当たり前のことです。

天が応援してくれるからです。

天が応援してくれるということは、
自分の「才能・知恵」や「努力」や「直感」の前に勝負が決まっているということです。

**使命に進むことで奇跡的なことが起こります。**

## 「自己中心にならない」

私たちは、自己中心的な価値観の世界で生きているので「自分の力だけで何かを成し遂げる」という思考が根底にあります。

**「社会の中で自分が生かされている」のではなく、「自分の力で成功を勝ち取る」という価値観であり、これは典型的な間違ったマインドセットです。**

**自己中心は全ての問題の根源で、自己中心に陥ると使命から遠ざかることになります。**

例えば、7つの富をバランスよく拡大することが使命と聞いて、「自分の力だけで7つの富を拡大」しようとするのは世俗的な自己中心的な考え方です。

また、愛ある心、高い品性、健康的な体が使命だと聞いて、頑張って自分の力で自分を高めよう、修行しよう、となるのは宗教的・自己中心的な考え方です。

どうしても人は自己中心的に富を拡大しようとするので、使命から外れていきます。

**自分の力で富を拡大するのではなく、天の祝福が人を富ませることを理解する必要があります。**

人を富ませるのは主の祝福。人の苦労は何も増し加えない。

箴言10・22

**人が使命に進むことは天の願いなので、使命に進むことで人は祝福され富むことになります。**

**使命に向かって行動することで天が応援してくれると同時に、周りの人も応援してくれます。自分の力でないからといって怠惰でもいけません。**

**世の中を良くするために使命に進むという強い意志が大切です。**

# 「頑張るのではなく自分の責任を全うする」

日本人は「頑張ります」という言葉をよく使います。

昔、観光地のお土産屋には、「努力」「根性」「忍耐」などと書いたキーホルダーなどが沢山売られていて、一番人気は「努力」だという話を聞いたことがあります。

日本人の性格は雄牛タイプが多く、雄牛タイプは努力が好きだということが理由だと思います。

「頑張ること」「努力」は良いことです。

しかし、使命に進む時に「頑張る」「努力」という考え方は注意が必要です。

世の中は「頑張って自分の力で何かを成し遂げる」という自己中心的な考え方が当たり前になっています。

一般にいう「頑張る」は、どうしても、「頑張って自分の力で何かを成し遂げる」を彷彿《ほうふつ》させ自己中心に陥りやすいのです。

**したがって、「頑張る」「努力」は「自分に与えられた責任を全うする」に置き換えることで自己中心に陥る可能性が急低下します。**

**言葉の使い方で、的外れになるのを防ぐことになります。**

使命とは自分の力で切り開くものではなく、天とともに歩むという概念が大切なので、天のタイミングを待つことも大切です。

進めという時に進んで、止まれという時に止まるということです。

人の行動パターンとしては、待つ時なのに自分の力で成し遂げようという自己中心的な思いで進んだり、進む時なのに自分の怠慢で止まっていることになりがちです。

**使命に進もうとする意志が希望を生み出します。**

## 「宗教的にならない」

**使命から最も遠ざかる要因は宗教的になることです。**

宗教的とは、形式的になったり思考停止になることといってもよいでしょう。宗教的も深い概念ですが、次のようなケースはその具体例です。

□マスクは白でないといけない

非常事態でマスクが極端に不足している時に、いくつかの職場や学校で白いマスクを着用するように色指定があったようです。

白いマスクと白以外のマスクに効果の差があるわけではなく、緊急時に優先すべきことが分からない状態です。思考停止と優先順位を間違えるという的外れに陥っているのはかなり宗教的です。

□良い大学にいき良い会社に入ることが勉強する目的

人には様々な多様性があるにもかかわらず、勉強する目的が良い大学にいき良い会社に入ることとするのは、極めて形式的であり宗教的です。

□簡単なことを難しく言う

世の中には、簡単なことを難しく言う人たちがいます。

これは、自分の権威を保つというプライドのために、わざわざ難しい表現をしているケースが多いです。

プライドが強いと宗教的になります。

基本的に「宗教的」になり、的外れになるのは、知識不足・認識不足などに加えて心の傷・見栄・プライド・悪い欲や悪い感情で、認識が歪《ゆが》むパターンが多いです。

正しいマインドセットを持っている人、愛されている実感があり、承認欲求が少ない人は、宗教的にはなりにくいです。

**自由と解放が使命の特徴です。**

## 「使命に進むと知恵が与えられる」

**使命に進み始めると、まず知恵が与えられることが多いです。その知恵は、**
**・言われてみれば、誰もがそうだと思うこと**
**・当たり前と言えば当たり前のこと**
**というものも多いです。**

こうしたらよいとか、
こんな風にしてみたらどうだろうとか、
新しいアイディアをもとに一歩進んでみるとよいです。
使命の方向であれば一歩進むことで、新しい良い展開があるでしょう。
知恵が与えられる方向が使命の方向だということもあります。
知恵が与えられた一つの例があります。

年商100万円の和傘屋さんが（誤植ではありません。月商ではなく年商100万円で正しいです）、和傘の技術を部屋の照明のシェードに転用したことから海外で大ヒットとなり、年商が数億円になったそうです。年商が2桁増えたことになります。

海外のセレブが日本文化に価値を感じて、数百万円という高額なシェードまでが沢山売れたそうです。

和傘という枠に囚われず、和傘の技術を照明のシェードに活かしたことが知恵です。

そして「日本文化に高い価値がある」も知恵です。

**使命に進む時に与えられた知恵は、一見、たいしたことに思えなくても爆発的な富の拡大につながる宝のようなものです。**

## 「使命の偽物」

**使命の偽物の概念はいくつかありますが一番厄介なものは次の考え方です。**
**×使命とは定められた道・絶対的な運命・宿命**

一見、使命の本質に思えるものの、全く正反対の概念で宗教的な人が陥る考え方です。

「運命を変える」という表現がありますが、運命という概念は人生にはガチガチに定まった悪い宿命的なものがあるというものです。

この概念が使命の概念に悪影響を与えていると考えられます。

つまり、使命とは運命のようなものという間違った認識です。

宗教的な使命の偽物のイメージは次のようなものです。

×使命は重い命令
×使命とは避けることも変えることもできないこと

×使命とは人間に課せられた定め
×使命とは宗教的なものを拡大すること

一旦、このような考え方をしてしまうと、本来の使命の概念が理解しにくくなるので、厄介な考え方です。

使命の本質とは次のようなものなので、全く別物です。

**○自然体で生きる**
**○天とともに歩む**
**○真の富を拡大する**
**○真に豊かになる**
**○世の中を良い方に永続的に変革する**

使命の本質からずれないようにご注意ください。

大事なもの、価値があるものには、沢山の偽物が現れるものです。

## 「与えられている領域」

私たちに与えられた使命には領域があります。

**使命の領域では権威が与えられているので仕事もスムーズに進みますが、自分の領域でない分野については、大変な努力が必要になったり、ストレスも多くなります。**

興味や憧れなどを持つ領域があったとしても、それが使命とは限りません。

例えば、理髪店を経営していた人がこの業界は期待を持てないし、自分は学校教育がおかしいと思うので学校教育を変革することが使命だと思いました。

しかし、今までの環境や経験の延長線上、つまり理髪店の教育を改革することならまだしも、突然学校教育の改革は難しいです。

使命が教育だとしても、いきなり学校教育を変革するのではなく、目の前の業務における教育を改善することからスタートすることが大切です。

またプレス工の方が、段取りが悪く仕事がうまくいかないし、部下は仕事ができない、社内のコミュニケーションも悪いので、人を助ける仕事である使命のコーチに憧れるので、転職したいと思ったとします。

しかし、自分の領域、役割が違うと、やはり大変です。

また、過去の経験を活かすことは使命の基本です。


「励ます」という役割がなければコーチには向きません。

励ます役割以外の人が人を励ます専門家にはなりにくいです。

この場合は、自分のスキルアップ・部下の育成・社内コミュニケーションの向上を同時に目指せる「作業のチェックリスト」や「作業マニュアル」を皆で協力して作ると、一石二鳥、一石三鳥になります。


**地域の子供たちの集まりで、Aさんが指導しても子供たちは全然聞きませんが、Bさんが指導すると子供たちは静かに真剣に話を聞くということがあります。**

**これはBさんに子供たちへの指導の権威が与えられているということです。**

**自分に与えられている性格・役割と権威がどこにあるかを知ることが大切です。**

## 「人助けの罠に注意」

大事な内容なので、誤解を恐れずに書きます。

**「人を助けることが使命」という人が多いのですが、その多くは的外れです。**

今まで、「人を助けることが使命」といって使命から外れていった人を何人も見てきました。

同様に、**使命は社会貢献的なのですが社会貢献が使命ということではありません。**使命は多くの人の助けになりますが、人を助けることが使命ではないのです。

いくつかのケースを解説します。

1．本来、法律や制度を整備して、大勢の人の環境を改善することが使命なのに、数人の人助けだけで終わってしまうケース。数人の人助けをしたことで、満足して本来の使命から外れてしまう。

2．最初は愛が動機（与えることが動機）だったのに、本人が気づかないうちに皆から感謝されたり賞賛されることが嬉しくて、賞賛されることが目的になるケース。

3．弱い人なら助けることができる、とコントロールスピリットから人を助けるケース。

4．被災地で水が不足しているのに大量の食べ物を送って、使命とは関係なく本人は送ったことで満足しているケース。

5．お金に困っている人にお金を貸したら、その人は詐欺師で、そのお金は、詐欺の資金に使われた。

どれも使命から外れていたり的外れですが、「私の使命は人助け」として実際に助けている人は賞賛されることはあっても、**その問題点を指摘する人はまずいないので、方向修正されることがほとんどありません。**

もちろん、目の前で困っている人を助けてあげるというようなことは当たり前で良いことですが、人助けすればよいというものではありません。

column

## 使命に生きた人々

### ■ドラッカーが一番重視したのが使命

ピーター・ドラッカーはウィーンのドイツ系ユダヤ人の裕福な家庭に生まれました。ドラッカーの言葉には「使命」が多く登場します。

ミッション・ビジョン・バリューという言葉もドラッカーが有名にしました。

ミッション（使命）からビジョン（実現したい具体的な未来）や、バリュー（企業価値）が導かれるのです。

ビジョンとは「3年後に売上100億円」ではなく、「世界の水を綺麗にする」など社会的に意義があることです。

ドラッカーは3つの中で一番大切なことはミッションだと言い切っています。

ミッション（使命）は強みという表現にも置き換えられて使われています。

ミッションとは企業の果たすべき「使命」「企業の目的」「企業の存在意義」であり「何のために会社が社会に存在しているか？」です。

先に説明した富士フイルムのように経営理念が使命的である会社は革新的であり、時代の変化に対応して活躍していると思います。

ドラッカーの考え方の基本が使命であり、使命という切り口でマネジメント論を展開しているので、使命の本質を理解することで、ドラッカーのマネジメント論を応用しやすくなります。

すでに、日立グループやＫＩＲＩＮグループなど多くの日本の企業が、企業理念として「ミッション・ビジョン・バリュー」という形で掲げていますが、これらの企業理念も使命の本質を理解すると、さらに良いものになります。

また、ドラッカーはイノベーションを起こすことを促していますが、イノベーションは特に使命的です。

イノベーションの本質は「新しい創造」です。

## ■スティーブ・ジョブズは米国で最大のイノベーター

アップル社は文章化された社訓はありませんがビジョナリー・カンパニーの筆頭です。スティーブ・ジョブズのビジョンは「テクノロジーを介して何百万人もの人の生活を変える」「世界を変える」とまさしく使命的でした。

ジョブズがペプシコーラの事業担当社長をしていたジョン・スカリーをマーケティング担当役員に引き抜こうとしたとき、スカリーを口説いた言葉「このまま一生砂糖水を売り続けたいか？　それとも世界を変えたいか？」は有名です。

ジョブズは、アイフォーン発表の時「電話を再発明した」と表現しました。

当時、日本ではドコモの携帯電話は様々な機能が搭載された多機能な電話でした。すでにスマートフォンもいくつも存在していましたが、どれもプラスチックの小さなキーボードが付いていました。アプリによって最適なボタン配置は異なるのに全ての機能に対してその使いにくい小さなキーボードを使うのです。

アイフォーンは多機能電話ではなく電話機能もある携帯情報端末として、ボタンをなくしタッチパネルとしたことで、それまでカバンの中に入れて持ち歩いていたものを不要にしました。電話・手帳・電卓・地図・パソコン・書籍・カメラ・ビデオカメラ・ボイスレコーダー・ウォークマン・サイフなどを不要にしたのです。

たった一つの端末で多くの機能をカバーできるようになったことから、カバンを持たない人も増えてきました。

使命とは、人々の生活を便利にしたり、ライフスタイルを変えていくことにつながります。

ライフスタイルを飛躍的に変革することはイノベーションと呼ばれます。

アイフォーンは通信機能・カメラ機能・GPS機能・各種センサー・コンピューターなどが組み合わされたことがイノベーションとなり、キャッシュレス端末として、健康管理ツールとして、カーナビとして、おそらくジョブズ自身が当初思っていた以上の使われ方をして、人々の生活を変革し続けています。

## ■ライト兄弟の使命「人類が空を飛べれば世界を変えることができる」

使命があるかないかで、大きな違いが生まれます。

1903年12月、ライト兄弟は世界で初めて、エンジンのついた飛行機で人類が空を飛ぶという偉業を成し遂げました。

それまでは飛行船やグライダーは存在していましたが、エンジンによる有人動力飛行は実現していなかったのです。

ライト兄弟の家業は自転車屋で、開発に潤沢な資金があったわけではありません。また、チームに大学を出た者もいませんでした。

ただ、「人類が空を飛べれば世界を変えることができる」という使命を持っていたのです。

それまでは遠方に行くには蒸気機関車や蒸気船などの手段しかなかったのですが、彼らが有人動力飛行に成功したことを契機に様々な企業や優秀な人材が参入し、飛行機市場は飛躍的に進歩、文明発展への貴重な一歩となったのです。

まさに、人類が空を飛べるようになったことで世界は大きく変わったのです。

当時、多くの人々により有人動力飛行実験が行われていましたが、そのアプローチも様々でした。

鳥が羽を羽ばたかせて飛ぶ姿を再現するような、今考えると滑稽なものも少なくありませんでした。

ライト兄弟は使命を持っていましたが、単なる精神論でなく、グライダーの操縦技術に動力を加えるという極めて正攻法で攻略するビジョンが彼らには与えられていたのです。

使命に進むと知恵が与えられるのは使命の特徴の一つです。

そして、チェーンを交差させることで、右と左のプロペラの回転方向を反対にしてバランスを取るなど、自転車の技術も活用しました。

経験や、今の環境を活かすのも使命の特長です。

特に、彼らがグライダーの操縦技術を持っていたことが一番の成功の秘訣だったかもしれません。

後に、彼らが飛ばした飛行機を再現しても、飛ばすことができなかったそうです。

ライト兄弟が飛行に成功したのは彼らに高度な操縦技術があったことと、強めの向かい風が吹いていたということで、運が良かったということも大事な要因だったと思います。

使命に進むと奇跡が当たり前、つまり運が良くなるのです。

実は当時の多くの有人動力飛行実験の中で、断トツに有力視されていたのがサミュエル・ラングレー教授です。

米軍から潤沢な資金を得て、スミソニアン博物館の3代目の事務局長であり、当時の最高の知能を集め、最高の環境で有人動力飛行の開発を行っており、マスコミが常に追いかけていました。

ちなみに、ライト兄弟たちは注目されていなかったので初飛行を見ていた人はたったの5人でした。

ラングレーはライト兄弟のように「人類が空を飛べれば世界を変えることができる」という使命ではなく、自分が世界初の有人動力飛行を実現する名誉のために開発をしていたため、ライト兄弟の成功の後、消えていきました。

ラングレーがもし、使命的であれば、成功したライト兄弟と共同開発などを行うこともできたはずですが、世界初を実現できなかったことから消えていったのです。

**ライト兄弟の名言の中で印象的だった言葉が「朝が待ち遠しくて仕方がなかった」です。**

使命に進むことは、楽しく心がうきうきするものです。

## ■松下幸之助　水道哲学

松下電器（現パナソニック）の創設者である松下幸之助さんの仕事はかなり使命的でした。

「商売をするものの使命は何か？」

「本当の経営とは何か？」と考えた結果が、

「この世から貧困をなくすこと」

「世の中を豊かにすること」

「物の面から人びとを救うこと」だったのです。

ここから「水道哲学」が生まれました。

通りすがりの人が、他人の庭先の水道の栓をひねって水を飲んだとしても、水を盗んだこと自体を咎《とが》められることはありません。それは、水の量があまりに豊富であり、安価だからです。

生産者の使命は、貧困をなくすため、貴重な生活物資を水道の水のように無尽蔵に安価で提供することだという結論となったのです。

「良い物を安く大量に提供すること」が基本理念の一つです。

これが地上にパラダイスを作るという概念で使命の概念と同じです。

ここでいう良い物とは品質や性能が良いだけではありません。

材料が本当に良い物なのかを吟味することが大切です。

人や自然に対して害がある物は、いくら性能が良くても、良い物ではありません。

製品が最終的に捨てられる時まで、人や自然に負荷をかけないものでなければ良い物ではありません。

良い物を安くは相反することであり、極めて大変なことですが、それを実現するために技術革新があるのです。

現在、SDGs《エスディージーズ》（持続可能な社会）が求められているわけですが、何十年も前から、松下さんはそれを目指していたといえるでしょう。

## ■日野原重明　100歳を超えても現役

聖路加国際病院の名誉院長であった日野原重明さんが105歳で亡くなりました。

100歳を超えても病院の現場で医者として働いていました。

104歳の誕生日を前に車椅子に乗って記者会見し、「命と平和の尊さを次世代に語り継ぐことは大切な使命」と語られました。

日野原さんの晩年の言葉が、使命について説明しています。

「そもそも仕事とはいったい何なのでしょうか。

ライフワークという言葉がありますが、僕にとって働くというのは生きることと同義です。

会社でどんな待遇なのか、どれだけ稼いでいるか、そういうことではなく、自分が生きていることをどれだけ社会に還元できるのか、もっと言えば自分に与えられた命という時間をどれだけ人のために使えるかということが、働くということなのです。

それは、使命と言い換えてもいいかもしれません。

特定の誰かのためでもいいし、社会のため、未来のためでもいい。利他の精神がある限り、人間にとって仕事に終わりはないのでしょう。

そう考えるから、今こうして車椅子の生活になっていても、僕にはできる仕事がある。そう信じられるのです。

自分の使命と向き合い続けることで、自然と生きることと働くことが一体化していく、そんな状態こそ理想の現役像といえるのではないでしょうか」

また、日野原さんは次のような言葉も残しています。

「心臓は生きるために必要だけど、そこに命があるわけじゃない。これから一番大切なことを言います。命とは、人間が持っている時間のことです」

１００歳を超えても現役でやりがいがある仕事ができることはとても大切です。

**あなたは自分の時間を何に使いますか？**

**使命に時間を使うことが人生を最大化します。**

## あなたを使命に導く言葉　6

確信しようと、夢みようと、まず始める。挑戦することが、叡智を、実力を、奇跡を生む。

——ゲーテ

# 7

# 使命が全ての問題を解決する

## 「時代の転換期」

**使命は全ての問題を解決するといってよいものです。**

**仕事や経済、環境保全などの問題は、使命なくして解決できないくらいのギリギリの状態になっていると思います。**

また、新型ウイルスなどの想定外の災害・戦争・金融危機なども含めて、使命の概念が大切になっています。

今、大きな時代の転換点に位置していると思います。

共産主義が崩壊し、資本主義も崩壊しつつあります。

日本銀行が企業の株を大量に購入してきたことで日本銀行が大株主状態、つまり企業の国有化が進んでいるような有様です。

過去の常識が通用しない時代、つまり、**過去の延長線上に未来がない時代の到来です。**

現在、日本と世界は次のような様々な課題を抱えています。

□抱える課題

・人生100年時代の到来
・年金不足問題
・働き方改革
・AIに仕事を奪われる
・SDGs《エスディージーズ》＝持続可能な社会
・景気政策

**これらを解決するのが使命です。**
**一人ひとりが使命に進むことで、世の中にあるほとんど全ての問題は解決します。**

それぞれの課題を使命の視点で解説していきます。

## 「人生100年時代」

年々、寿命が延び、100歳くらいまで生きるのが当たり前になってきているといわれています。特に日本は世界で一番長寿の国だということが世界保健機関（WHO）の統計で分かります。

例えば、60歳で定年退職したとすると、その後40年間もあり、何をして過ごすかが課題となっているのです。

有名になった『ライフ・シフト　100年時代の人生戦略』という本の中には次の引用があります。

「時間がたっぷりあると思えば、立派な大聖堂を建てられるが、四半期単位で、ものを考えれば、醜悪なショッピングモールができあがる」
（スティーブン・ナハマノヴィッチ　創造性についての著書より）

つまり、**「人生100年時代　ライフ・シフト」は言い換えるなら、「チャンスの時代」**

**でもあり、長期間かけないと作れないようなものを作る計画に生涯関われる機会があるということです。**

**老後からでも使命を発揮できるチャンスを得たということであり、年齢に関係なく、より大きなチャンスの時代になったということです。**

年をとっても使命は廃れません。

人生が100年となると、幸せで充実した豊かな人生を生きている人にとっては朗報ですが、そうでない人にとっては悲報です。

使命に進むことが、幸せの原点なので、人生100年時代ということは、使命に進むことが極めて大切になるということです。

**人生100年時代では使命に進まないわけにはいかないということです。**

## 「年金不足問題」

日本は世界一長寿である一方、著しく出生率が低いので少子高齢化社会は、とっくに過ぎていて現在は超高齢社会になりました。

超高齢社会で一番の問題は年金不足です。

年金不足問題とは、60歳まで耐えながら仕事をして、60歳以降は仕事をせず、悠々自適に遊んで暮らすということが実現できない問題です。

人生100年時代になり、しかも超高齢社会だとすれば、年金がどんどん減額されたり、支給年齢が遠のいていくので、当然、年金だけをあてにして老後の約40年間を悠々自適に過ごすことは不可能な人が増えていきます。

定年後、どこかに勤めて働こうと思ってもなかなか働くことができません。

**この年金問題を簡単に解決する唯一の方法は使命に進むことです。**

**使命とは、仕事と遊びと社会貢献が一体となったものです。楽しくやりがいがあり、感**

**謝される仕事で、一生継続することができます。**

**年金がなくても問題なくなりますし、同時に100歳まで生きがいができるのです。**

**そもそも、人が老後、幸せに生きていくためにはお金があればよいわけではありません。いくらお金があったとしても、生きがいがなければ生きていけません。**

多くのサラリーマンは、定年までは我慢し個性を殺して働いてきたことから、自分がやりたいことがありません。

使命が分からないだけではなく趣味すらない人が多いのです。

老後の資金がしっかり確保できて、悠々自適な生活ができるようになっても、生きがい(使命)がなければ、すぐに痴呆が進み、早く死ぬことになります。

特に男性の場合、会社の中のコミュニティしか居場所がないことが多く、定年退職後は、配偶者を含めて相手にしてくれる人がいないため、あっという間に老け、痴呆が進んでしまうケースが多発しています。

**仕事と生きがいがセットである使命が、年金不足問題を解決します。**

# 「使命は元気で長生きの秘訣」

**生物は、その群れで必要とされる間は生きていて、必要がなくなると死ぬという自然の法則があります。**

サケは、産卵・受精が終わると死にます。役割が終わると存在する理由がなくなるからです。

**人も皆の役に立っていること、つまり、皆に求められると、若々しく長生きすることになります。**

実際に高齢になっても若々しい人は、人々の役に立ち充実した仕事をしている方が多いです。

聖路加国際病院の日野原先生が100歳を超えても現役医師として仕事をしていたのは、それが先生の使命だったからです。仕事が嫌いであれば、100歳を超えて仕事をすることはありません。

**人は一人で生きているわけではなく、社会で役割分担をして生きており、役割がない人**

**は存在価値がなくなるのです。**

お金を稼いでリタイヤしたら、南の島で毎日遊んで暮らそうとすると、社会に対して役割が終わったことになるので早死にする方向だということです。

大きく稼いで南の島で遊んで暮らすことを実現したとたんに、虚無感に襲われて、それに耐えられずに仕事に戻る人は多いのです。

つまり、長生きできるかどうかはその人が、

「健康かどうか」

＋

「社会的に存在意義があるかどうか」

次第です。

**使命に進むと社会に対する存在価値が高くなるので、元気に長生きすることになります。**

**寿命が長くなっても寝たきりでは、もったいないです。**

## 「働き方改革」

近年、企業では働き方改革が推進されていますが、使命の本質が抜けていることから時短が目的になっています。

**働き方改革の考え方の根底に、「働くことは悪いこと」があります。使命とは正反対の考え方です。**

働くことは悪いことだから、なるべく働く時間を短縮して早く帰社して自分の好きなことをする時間に費やそうとなります。

しかし、仕事は使命であり、お金を稼ぐだけのものではなく、本人にとっては楽しみであり社会貢献的です。

仕事が面白くないと思っている人は仕事がお金を稼ぐためだけのものになっていることが多く、それは使命的ではありません。

**長い人生の中で、仕事に割く時間は極めて大きいので、仕事の時間が楽しくなければ、**

**人生はつまらないものになってしまいます。**

会社を選ぶ時に、給料が高いという理由だったり、安定しているからという理由で就職した人にとって、仕事は生活費を稼ぐためだけのものになります。

働き方改革は、早く帰宅することを目的にしている感が強く、違和感を持っている人は多いと思います。

早く帰宅することを目的にするのではなく、いかに効率を上げるかを目的にすることが大切です。

企業の中で、使命的に働くと効率的になり、時間短縮となり、創造的な仕事ができます。そして、チームワークが良くなり、日本と世界を良い方向に変革することになり、仕事が楽しくなります。

**真の働き方改革の目的は、早く帰って楽しいことをすることではなく、仕事を楽しく、社会貢献的にすることです。**

## 「AIが作業を代替していく」

コンピューター技術が進むことで、今まで人間がやってきた仕事の多くはＡＩの作業に置き換わり、分野によっては人間以上に正しい判断をすることが多くなっていきます。

車の自動走行技術も当たり前になり、車内で寝ていても安全に目的地に着き、人間が運転するより機械の運転の方が安全となり、タクシーの運転手の多くは廃業になるかもしれません。

タクシー会社の運営もＡＩが行うことになっていくのでしょう。

・今日は、何時から何時に、○○駅に、何台待機させておく
・車両が古くなったので、新車を発注
・事業拡大のための配車戦略
・法改正に対応して整備の発注をする

このようなことは人間がやるよりＡＩの方が上手なので、人よりＡＩの方が優れた経営ができるようになるでしょう。

ＡＩが経営の根幹部分を担うようになると、社長一人だけ人間で、あとはＡＩだけという会社が当たり前となっていく時代です。ＡＩが私たちから仕事を奪うのではなく、機械が作業を代替してくれるようになると考えるとよいでしょう。

□ＡＩの作業

・面倒な作業
・繰り返しの作業
・神経を使う細かい作業
・頭を使わない作業
・創造的ではない作業
・使命的ではない作業
・本来人間がやるものではない作業

レジ打ちなどの作業はすでに無人化が進んでいます。

**私たちが、人らしい仕事、人にしかできない仕事、創造的な仕事、つまり使命的な仕事に進むことをＡＩが促してくれているのです。**

# 「人にしかできないこと」

ＡＩに多くのことができるようになると、

「人にしかできなくて機械にはできないことは何か？」

が、課題となってきます。

誰も回答は持っていない、ともいわれますが、その答えは明確です。


**人には、天から与えられた使命があり、機械には、人から与えられた作業があります。**

**使命の本質は、天とともに歩むということです。**

**つまり、人にしかできなくて、機械にはできないことは「天とともに歩むこと」です。**

天とのインターフェイスは人間しか持っていないのです。


機械に、もし使命があったとしても機械の使命が存在するだけなので、やはり人間にしかできない使命を人間は持っていることに変わりありません。

ちなみに、人ができてＡＩが不得意な分野は創造性と対人能力なので、人の仕事は次のような分野となります。

□人の仕事

・創造的な仕事
・突破口を開ける仕事
・仕事を作る仕事
・新規事業立ち上げ
・ＡＩを使いこなす仕事・ＡＩを管理する仕事
・人間力が必要な仕事
・高いコミュニケーション能力が必要な仕事
・高い共感力が必要な仕事
・子育て・保育士

**どの分野もＡＩに手助けしてもらうことはできますので、ＡＩは使命を加速させるためのツールになります。**

**ＡＩの進出により人は創造的な仕事に専念できるようになります。**

## 「クリエイティブの時代」

人にできて、ＡＩにできないことの筆頭が創造力「クリエイティビティ」です

**今は、個人が創造性を発揮できる環境が揃い、ツールが安価に手に入るので、個人のクリエイティビティがどんどん拡大している時代です。**

例えばユーチューバーなどは全く個人のアイデアや企画力だけで、動画を作り、配信していますが、トップクラスの人は相当稼いでいるといわれています。

その人にとってユーチューバーが使命的かどうかは別の話として、個人がやりたいことをアイデアを持って実行するだけで、稼げる時代になったのです。

インスタグラマーなどのインフルエンサーもそうです。

個人に莫大なフォロワー数がいれば、企業としてはそのインフルエンサーにお願いした

方が、安く、多くの人にリーチできるようになってきています。

イタリアの有名なインスタグラマーのキアラ・フェラーニなどは、フォロワー数約2000万人、今やファッション業界では欠かせない人物となっています。

IT化が全世界で拡がり、個人が自分のアイデアだけで勝負することが可能な時代になっています。

これはつまり、クリエイティビティが所得の差を分け、成功の可否にますます重要になってきていることを意味します。

**ITやAIや、現在の新しい環境をいかに使いこなすかという視点が、とても大切で使命的です。**

**使命的な生き方は知恵が与えられ、かつ自分のやりたいことによって社会に対して良いインパクトを与えるので、最もクリエイティブな生き方ともいえます。**

## 「SDGs《エスディージーズ》(持続可能な開発目標)は使命そのもの」

ビジネスをする上で極めて大事なキーワードになっているものが、SDGs《エスディージーズ》(持続可能な開発目標)です。

貧富の差が拡大したり、自己中心的な経済行為による自然破壊から地球を守るために、本来の姿に帰還する方向に、皆の意識が向けられ、世界的な運動となってきたのでしょう。

SDGsは「17の目標」と「169のターゲット(具体目標)」で構成されており、17の目標は次の通りです。

□SDGs《エスディージーズ》(持続可能な開発目標)17の目標

1. 貧困をなくそう
2. 飢餓をゼロに
3. すべての人に健康と福祉を
4. 質の高い教育をみんなに
5. ジェンダー平等を実現しよう
6. 安全な水とトイレを世界中に

7. エネルギーをみんなに　そしてクリーンに
8. 働きがいも経済成長も
9. 産業と技術革新の基盤をつくろう
10. 人や国の不平等をなくそう
11. 住み続けられるまちづくりを
12. つくる責任　つかう責任
13. 気候変動に具体的な対策を
14. 海の豊かさを守ろう
15. 陸の豊かさも守ろう
16. 平和と公正をすべての人に
17. パートナーシップで目標を達成しよう

このようにSDGs《エスディージーズ》は、貧困、自然破壊や気候変動など地球規模の問題を解決することで、これが企業にも求められているのです。

**これは世界を「天国のような良い環境」にしていくことであり、使命の基本概念と同じです。**

企業はSDGs《エスディージーズ》に取り組まないと存続できないようになっていきます。

特に、今の若い人は、社会的に意義がある会社か否かに注目しているので、すでに、日本でも就職先にSDGsに取り組んでいるかどうかを選択基準にする学生も増えています。

また、投資対象としてSDGsに取り組んでいる環境、社会、ガバナンスを重視した企業やプロジェクトに対する投資をESG投資といい、機関投資家は利益を拡大している会社を投資対象にするのではなく、社会的に貢献している会社を投資対象にすることが求められているのです。

つまり、企業にとっては、株価を上げるためには機関投資家に投資対象として選ばれることが必要なので、SDGsを意識した経営が求められます。

また8番目の「働きがいも経済成長も」は使命の真骨頂です。

**働くことで世の中を良い方向に永続的に変革し、感謝され充実感を得られるのは、本来の働き方改革でもあります。**

17の「パートナーシップで目標を達成しよう」は、使命をチームで達成することに相当します。

つまり、**SDGs《エスディイージーズ》は、一人、もしくは一社で実現していくものではなく、他企業やNGOなどとパートナーシップを組むことで実現していくものなのです。**

産学連携や、大企業とベンチャーが組んで「オープンイノベーション」を推進するケースが活発になってきましたが、「パートナーシップで目標を達成する」ことはイノベーションを加速するための大事な要素なのです。

**使命はイノベーションをもたらすものであり、時代が使命を求めているということでしょう。**

# 「最高の景気政策」

国が行う代表的な景気政策として次の3つがあります。
□国が行う景気政策
1．減税
2．金利の引き下げ・金融緩和
3．公共投資

**どれも金融・財政で景気を良くしようとする政策です。**

**しかし、金融・財政政策は限界にきており、金融・財政政策だけでは景気が良くならないことが明白です。**

国が景気政策として国債を発行すると財政が悪くなります。

財政が悪くなると、国民は国の未来が不安となり消費を抑える行動になるので、景気は悪化方向となります。

**景気政策として国債を発行すればするほど、同時に不景気になっていくという不都合な**

**真実なのです。**

**一番分かりやすい景気政策は企業や国民の、生産性を上げることです。そして、生産性を上げる秘訣は使命です。**

企業においては経営理念を使命的にする使命経営とすることで生産性、創造性を高めることになります。

個人については、生活の糧のために仕事をするのではなく使命的に仕事をすることで、生産性、創造性を高めることになります。

**単純に景気政策になるだけではなく、企業と個人が使命に進むことで、世界は住みやすい環境に変革していくことになります。**

## 「国際競争の時代」

現在、グローバル化が大きく拡大しており、現代の課題の一つです。あまりにも行き過ぎたグローバル化の反動も出てくるほどですが、そのような動きはあっても、現在は圧倒的にグローバル化した世界です。

**使命は国際競争という視点でも、非常にサバイバル力のある生き方です。**

個人だけでなく、企業も世界の中で自分たちにしかできないことをするのが使命です。代替不可能になるので、いつもブルーオーシャンです。

使命によって、ビジネスエリアが国内の特定の街だったり、グローバルマーケットだったりします。

後者の場合は、特に「日本あるいは日本人にしかできないことは何か」という視点で使命を考えると突破口が開かれていきます。

**特に日本人のクリエイティブ力は全世界の人が注目しています。**

日本はずっと高度成長時代、モノづくり中心だったので日本の強みはモノづくりと思い込みがちですが、世界は日本をそう見ていません。

例えば、日本のアニメは世界で圧倒的な人気を誇ります。

カンヌ映画祭は、実写映画祭の最高峰であり、アニメは扱わないのですが、日本のアニメのクリエイターがカンヌ映画祭に忍び込んだら、映画監督に大絶賛されて、映画の話はそっちのけでアニメの話で大盛り上がりしたそうです。フランスのアニメーターが学ぶための憧れの地が日本です。

欧米に行ってもあるモノは、アメリカ発のアイフォーンや中国産の家電ばかりです。

しかし、どこに行っても「ポケモン」や日本のアニメ漫画は人気があります。

フランスでは日本人のシェフが活躍し、ミシュランの三つ星の店まで現れました。

日本が世界で評価されている根底にあるのは「クリエイティビティ」「真面目さ」「勤勉さ」「コンテンツ力」、そして「文化」(後述)なのです。

## 「日本に世界最先端の文化都市を」

グローバル化で一番注目されることの一つが移民です。

通常議論されるのは、ＡＩに代替されてしまう作業や、土木建築などの肉体労働のための移民が大半です。

しかし、大切なことは、本当にクリエイティブな人材をどこまで全世界から集めるか、あるいは日本に引き留められるか、移民問題はとても重要です。

**これからは文化の時代です。**

**そしてこれまでも、歴史上繁栄した都市の多くは、全世界から創造的な人々を集めています。**

ベニス、アムステルダム、ロンドン、ニューヨーク、そしてサンフランシスコなど、歴史の中心となった世界都市で、移民を受け入れていない街など一つもありません。むしろ移民の力で大きく成長しているといえるでしょう。

**次は日本の番です。全世界からクリエイティブな人たちを惹きつける、魅力的な施策を工夫することが肝心です。そして日本にはそのポテンシャルがあります。むしろ世界の方が日本のポテンシャルに気づいていると言っても過言ではないでしょう。**

ハリウッド映画監督たちは時代の流れに敏感で、「世界の文化の中心が今後アジアに移動しようとしている。そして、アジアの文化の中心は日本であり、自分たちは日本に移動したい」と彼らに言わしめるほど、日本には期待が集まっているのです。**今後世界の文化の中心が日本なら、日本の文化の中心は使命です。日本人が気づいていなかったり、言語化されていなかっただけで、日本文化の中心は使命なのです。**

ただし、中世ヨーロッパのルネサンスのような、文化のビッグバン、パラダイムシフトは自然に「起きる」のではなく「起こす」必要があります。

なぜなら**「波に乗る時代」から、「波を起こす」時代になったからです。自然に待っていればそうなるのではなく、使命拡大のビジョンを持って突き進む必要があります。**

## あなたを使命に導く言葉　7

情熱をもってあなたの使命を愛せよ。それが人生の意味である。

――オーギュスト・ロダン

# 8
# 使命はイノベーションをもたらす

## 「使命はイノベーションをもたらす」

イノベーションとは「新しい技術の発明」や「IT系企業のモチーフ」のように捉えられることが多くなっていますが、本来の意味は次のようなものです。

・物事の「新しい切り口」「新しい捉え方」「新しい活用法」を創造する行為
・新しいアイデアから社会的意義のある新たな価値を創造し、社会的に大きな変化をもたらす自発的な人・組織、社会の幅広い変革
・それまでのモノ・仕組みなどに対して、全く新しい技術や考え方を取り入れて、新たな価値を生み出して、社会的に大きな変化を起こすこと

**使命は世の中を良い方向に永続的に変革することなので、イノベーションそのものといってもよいものです。**

イノベーションは企業だけではなく、国や地方自治体にも求められています。
国は自ら良い方向に永続的に変革しにくい状態に陥っているので、外から変えていく必

要があります。

国の場合、次のようなキーを使って突破口を開けることになります。

- **外圧**
- **業界団体からの圧力**
- **規制緩和**
- **環境**
- **災害対策**

知恵を使って何をキーにするか、どのようなアプローチで突破口を開けるのかという視点で考えていくことになります。

例えば、今までできなかった医療のオンライン診断は、新型ウイルス感染対策として活用が開始され、平時にも利用拡大していくことなどが考えられます。

**災害などのピンチは実はチャンスに変えることができます。**

**激動の時代は国に対してイノベーションが求められています。**

**今イノベーションが始まろうとしています。**

## 「国を変えるのは地方から」

私たちに与えられている使命はイノベーティブです。

**日本や世界を変える時には、いきなり大きなことをしようとするのではなく、まず、小さい突破口を開けることから始めることが簡単だと思います。**

**例えば、日本と世界の行政を変えたいとすれば、日本の市区町村などから変革していくとよいでしょう。**

行政や伝統的な企業では前例がないとやらないという体質のため、新しいこと、イノベーティブなことができない場合が多いです。

市区町村では、前例がないとやらないという従来の行政の発想の反対、つまり、前例がないことを積極的にやってみることから始めます。

自分の市区町村でなくても、前例がないことを積極的にやりたい市区町村でやればよいですが、そうした市区町村を作るという視点も大事です。

前例がないことをやるのですから、当然失敗もあるでしょうが成功事例も出てきます。**成功事例を作って他の地方自治体や国・世界が模倣するモデルを作ることになります。成功の前例があれば、追従は簡単です。**

このように最初から日本を変革しようとするのは大変ですが、市区町村レベルから変革するのは簡単です。

市区町村長の中で、使命に進む人が現れることで、日本と世界が良い方向に変革していきます。

各市区町村長が一人ひとり正しいマインドセットを持つことも大切です。

なぜならば、ねたみや悪いプライドがあると、他の市がやっていることはやりたくないとなってしまうからです。

**正しいマインドセットがイノベーションを推進させます。**

## 共通の悩みは財政問題

現在、地方自治体はもちろん、全世界的に困っていることは財政問題です。
本書では、一つ、税外収入を作ることを考えてみたいと思います。
税外収入を増やそうとする試みはすでにありますが、かなり限定的です。
従来の税外収入としては次のようなものがあります。

□従来の税外収入
・手数料・使用料・過料・受益者負担
・命名権（ネーミングライツ）
調布市　東京スタジアム→味の素スタジアム
横浜市　横浜国際総合競技場→日産スタジアム
渋谷区　渋谷公会堂→渋谷 C.C.Lemon ホール

・クラウドファンディング（寄付）

インターネットを通じて不特定多数から寄付を募る手法ですが、仕組みは良いものの寄付の枠内でしかありません。

・ふるさと納税

実際には、ふるさと納税は税外収入といえませんし、ほとんど意味がありません。ほぼ返礼品が目当てになっているので日本全体ではむしろ税収減となります。

一般的に税外収入としてはこの程度のものしか考えられていないのは、真剣に考える人がほとんどいないからなのでしょう。

**国も地方自治体も財源を国民からの税金に依存するのではなく、自ら経営者の視点を持って運営していくことが求められています。**

**政治に対して使命がある人は、是非、この分野でも改革を起こしていただきたいと思います。**

## 「実際の税外収入例」

私が実際に関わった税外収入の例として、横浜市が行った環境広告があります。

一般的には環境広告というのは、自社がどれだけ環境に貢献しているかを告知するイメージ広告のようなものですが、そのような広告はあまり意味がありませんし、その広告自体が環境に良いのか疑問もあります。

横浜市で導入した環境広告とは、イメージ広告的なものではなく実利的です。

横浜市が発行する刊行物に広告を掲載しました。その時は固定資産の手引きという冊子でした。

この広告費は横浜市の環境保護のために使用されます。

市の緑化でもよいですし、太陽光パネルを使った夜間灯の設置などいろいろ考えられます。

**この環境広告費は目的税のようなもので、出稿元の企業には環境報告書に記載することができるようにレポートが提供されます。企業は環境報告書に書くネタが欲しいのです。**

**この環境広告によって、今まで地元の広告で数万円しかなかった広告収入が、２桁も増えることになったのです。**

さらには、この環境広告自体が新しい試みなので、大手新聞が記事として掲載したことで、その宣伝効果は数億円あったともいわれています。

企業としては広告費として支出し、環境保全に役立ち、環境報告書にも書くことができ、これが新聞でＰＲされ、それ自体が話題となり大きな広告効果がでたので、一石二鳥にも三鳥にもなったのです。

**これは実際に行った事例なので他の地方自治体でも活用することができます。**

税外収入を成功させるためには、寄付ではなく、企業も地方自治体もメリットがある仕組みを作るという視点が大切です。そのためには、行政ができること、企業がやりたいことなどを総合的に理解し、組み合わせることが大切です。

工夫することで税外収入を作り出すことは可能です。**工夫するポイントは目的税のようにするという点です。何々に使ったということが広告できることがメリットです。**

使命に進む時には　知恵が与えられることが多いです。

そして、その知恵は初めてのものばかりなので革新的、イノベーティブなのです。

## 日本の問題

現在、国や地方自治体には次の2つの大きな問題があります。
1．財政問題
2．超高齢化問題

□財政問題
税外収入の他には次の2つの方法があります。
①歳入を増やす
・個人の収入を増やして税収を増やす
自分の性格・役割に合った仕事・使命的な仕事を促す教育
スキルを身につける教育
・法人の収入を増やして税収を増やす
規制緩和など法人の手助け（起業・ベンチャー含む）
使命経営に転換することを促す
②歳出を減らす

・無駄な歳出を抑える
・生活保護等の基準の見直し（自立を前提にするなど）

**国民や企業の生産性を上げることが税収を上げることであり、そのために必要なことが使命に進んでもらうことです。**

□超高齢化問題

日本で一番大きな問題は超高齢化問題です。

本来は国の政策になりますが、それを市区町村レベルで積極的に実践していくことが国を動かすことにつながります。

少子高齢化対策は、子供を産むと報奨金を支給するのが分かりやすいです。

変革には目指す方向を定めることが必要です。

使命に基づく世界観は次のようなものになります。

#「使命に基づく世界観」

①人は一人ひとり価値があり、愛される存在であり、世の中を良い方向に改革していく素晴らしい目的が与えられている。

②一人ひとりが、自発的に愛に動機づけられて行動をし、平和を作り出すものとなる。自然を管理して自然と共生し、平和を愛し、自分のまわりに平和を作る。

③金銭を得ること、地位を得ること、持ち物を誇ることを人生の目的とせず、各自の使命を全うすることを人生の目的とする。

④一人ひとりが尊重されるという価値観が、社会の隅々に浸透する。

⑤一人ひとりに与えられた固有の性格・役割・才能が引き出され、発揮される機会が、教育現場でも、社会でも与えられる。

個性を埋没させる均一な教育ではなく、個性が伸ばされる創造的教育を実施していく。各自の個性が尊重され活かされる社会を実現する。

⑥助け合い、譲り合って調和的に生活し、互いの益を求める。

⑦子どもや弱者に対する配慮は必要だが、可能な限り自立へと方向づけられる。

⑧子どもに美しい自然・文化・富を残す。子どもを品格ある者として育成する。

⑨両親を敬う。目上の者、権威ある者を敬う。

⑩権威ある者や政府を構成する者は、民のために命を捨てる覚悟を持って民を愛し守り、ビジョンと計画を掲げて国を建て上げ、より良い社会に変革し続けるという使命感を持つ。

⑪国が何をしてくれるかではなく、国に対して何ができるかを考える。受けるより与えることを考える。

⑫一人ひとり、与えられている使命に伴う社会貢献をする。

⑬賄賂《わいろ》の授受や、不正な利権をむさぼる者は、恥ずべきものとし、「高潔であること」を社会の基調とする。

⑭家族を大切にする。適度に休む。体調を管理する。勤勉であることは大切だが、働き過ぎないように注意をする。怠惰は避ける。

⑮シンプルなものの中に真実がある。多様化は良いが、複雑化したり、混乱がおきないよう注意する。

⑯各自が変革に取り組むようにという使命を与えられたことは、積極的に変えていき、

変えることができないものは委ねる。

⑰悪いもの、誘惑となるものを遠ざける。

⑱精神的にも肉体的にも社会的にも健康的な生活をし、不健康な依存を避ける。

⑲他人をコントロールしない。

⑳良い方向に変革していくイノベーティブなものを積極的に採用していく。

**イノベーションはビジョンを共有することからスタートします。**

## 「渋谷区のイノベーション」

すでに東京都渋谷区はかなりイノベーティブです。

渋谷区は、先ほどの税外収入「ネーミングライツ」というライセンス契約を、民間の事業会社と結んでいます。

また、区の庁舎の建て替えは税金を使うものだという固定観念から脱却し、土地の一部を民間に貸し出すことで、区の出費ゼロで建て替えを行いました。

地価が高い商業地を持つエリアで、同じ手法を実行しやすいです。

**他にも渋谷区は、「公務員こそ外に出る」という姿勢で組織を改革し、ペーパーレスの導入にも積極的に取り組んでおり、これまでの「行政といえばつまらない仕事、イノベーティブではない」という概念を覆しつつあります。**

**行政、公務員はイノベーティブではないというのは思い込みだったということです。**

**やる気のあるリーダーと、それに賛同する人がいれば、イノベーションはどこでも可能なのです。**

税外収入は、他の市区町村も成功事例として積極的に取り入れるとよいと思います。

民間による庁舎の建て替えは、地価が高くないと難しいかもしれませんが、各自治体ごとの特徴を活かして、アイデアを募れば、そのエリアにしかないイノベーションを起こすことは可能でしょう。

あの区だからできた、自分の区はできないと考えないことが大切です。思い込みや先入観が一番足を引っ張っていると思います。

また、しがらみやプライドなども邪魔になるでしょう。

一人ひとり、そして地方や国が使命に目覚めることで、一気にイノベーションが起きると思っています。

イノベーションは常識を疑うところからスタートします。

**私たちは身近なものの価値に気づいていないことが多いです。**

**そもそも人は一番身近な自分の価値にも気づいていないのです。**

## 「バングラデシュを変革したファッションブランド」

マザーハウスというファッションバッグ等を製造販売している会社があります。代表の山口絵理子さんが、アジア最貧国だったバングラデシュで立ち上げた事業です。

一般にフェアトレードといえば社会貢献一色で、細々とした事業になりがちですが、山口さんはもともと地元にあった麻袋のジュートや革を素材から作って、高品質のバッグとすることができたのです。

麻袋のジュートは、きちんと作ると全く印象が違う高級素材になります。革は正しく鞣《なめ》されると高級素材になります。

製造工程を管理したことで製造技術が上がり、素材品質が向上し、バングラデシュの生産レベルが上がり、生活レベルも上がっていったのです。

**今ではバングラデシュはアジア最貧国から脱し、アパレルの生産地として認知されるまでになっています。**

使命とは飛躍です。もともとジュートは現地でも見放された材料でしたが、それが高級素材に飛躍したのです。

**私たちは、身近にあるものほど、その価値が分からないことが多いです。現地の人が見放していたジュートが実は宝だったのです。**

興味深いのは山口さんの発想方法です。

AとBという相反する2つの選択肢があった場合、通常は、AかBのどちらかを選択するか、AとBの中間を選択しようとします。

しかし、そうではなく第三の道、AとBの良いところを組み合わせて、新しいものを創造するという考え方をします。

具体的には「社会性とビジネス」「先進国と途上国」「大量生産と手仕事」の良いところを組み合わせることで、イノベーションとなるのです。

これはイノベーションを起こすための考え方の一つです。

## 「工業素材の歴史上最も大きなイノベーション」

不可能といわれてきた夢の素材を作り、実用化したスパイバー（Spiber）というバイオベンチャー企業が山形県にあります。

昔から夢の素材だといわれていた、軽くて頑丈で伸縮性があるクモの糸を、長年の研究開発を重ね人工的に作ったのです。

微生物を用いて発酵培養して人工的に作られたタンパク質繊維で、原料は糖だけなので石油などに依存せず、生分解性があるため再資源化も可能です。

**天然のクモの糸は重さあたりの強靭《きょうじん》性が鋼鉄の３４０倍、炭素繊維の15倍といわれており、強靭性では地球上で最強の素材といえるかもしれません。**

タンパク質は20種類のアミノ酸で構成され、その並び順を変えることで、クモの糸だけではなく、ウールやカシミア、人間の髪や皮膚など様々な機能が違うものを作り出すことができます。

つまり、糖を原料に、一つの工場で様々な機能の素材を作ることができるのです。

**サステイナブルな時代にふさわしい、人工的に作られたタンパク質の繊維は、工業素材の歴史上最も大きなイノベーションともいわれています。**

すでにノースフェイスの「Moon Parka」という名のダウンジャケットが「サイエンスとファッションを融合させ、人類最先端のテクノロジーを結集し完成した究極のアウトドアジャケット」というキャッチコピーで売り出されました。

スパイバーは企業理念も「社会、人類のために」としており、現代における使命的な企業といえるでしょう。

イノベーションは様々な分野で始まっています。

## 「豆腐のイノベーション」

イノベーションとは華々しいＩＴとかバイオの世界だけではありません。

昔ながらの豆腐でも、イノベーションは可能です。


普通の豆腐は、豆乳とおからに分け、豆乳にニガリを入れて固めて作ります。

これが常識的な作り方です。

おからは繊維質や栄養があり健康的なのですが、その多くが捨てられます。

豆乳を搾った後の残りであり、日持ちせず食品としての需要が少ないことから安価であり、家畜のエサになるなら良い方で、廃棄される分も多いのです。

非常にもったいない使われ方をしていました。

おからの最大の欠点は食感が悪いことです。ボソボソするので、どうしても限定した使い方になっていました。


しかし、豆腐の世界でイノベーションがありました。山梨県の会社による、地元の大豆を使った「大豆まるまるまる　おっとうふ」という豆腐です。

**技術進歩により、大豆を超微粉砕できるようになったので、おからを出さずに、大豆をまるごと豆乳にして豆腐を作ることが可能になりました。**

**おからが全く出ない生産方式です。**

**微粉砕技術を導入したことで素晴らしい豆腐ができたのです。**

なんと、非常に滑らかで、味が濃くて、とても美味しいです。

つまり、次のようなメリットだらけの豆腐の誕生です。

・美味しい、味が濃くなる
・健康的（栄養豊富、繊維質も含まれる）
・豆腐の量が増える
・廃棄物がなくなる

一石四鳥です。

さらには、充塡《じゅうてん》豆腐なので賞味期限は製造日より一カ月で日持ちもしますし、味が濃く滑らかなので、高級豆腐として普通の豆腐より高く売れるのです。

昔ながらの食品が微粉砕技術により、画期的なイノベーションを起こしたのです。

# 「行動の時代」

使命の概念を理解し、自分の使命を知った次は「行動」が大切です。

昨今の起業・ベンチャーブームや、ユーチューバーなどが活躍する現在は、個人の時代ともいえますが「行動の時代」も象徴しています。

**行動の時代は、ビジョンを持って先に「やりたい」と手を挙げた者勝ちです。**

事業でも、最初に始めた人はブルーオーシャンです。

ビジョンに共感する人が集まれば、どんどん物事が進んでいきます。

しかし、どのようなビジョンも、「やりたい」も最初の一歩を踏み出す必要があります。

最初の一歩は、友達や知人に、そしてブログなどで発信していくことです。

**スタートは、まず情報発信です。できれば文章にして発信します。文章化することで後世に残せるからです。**

**特に性格タイプが人タイプの方は、頭が良い分、思考が先行することで行動ができない**

**ケースがとても多いです。**

また、最初の小さな一歩を歩み出せない理由の一つに、受動的な奴隷的教育を受けてきたこともあります。

間違ったマインドセットの教育が、最初の一歩を止めているのです。自分で考えることをさせずに、言われたことを忠実に実行させるための教育であり、自主的に何かをするということをさせない教育なのです。

**使命は、一歩踏み出すことで、どんどん進んでいくものです。**

**大きなイノベーションも、あなたの小さな一歩からスタートします。**

論拠となる事例を集めたころには手遅れになる。

ビル・ゲイツ

## あなたを使命に導く言葉　8

失敗なんてひとつの選択肢にすぎない。失敗することがなかったら、
どうしてイノベーションを起こせるだろう？

――イーロン・マスク

# 9 お金・投資と使命

## 「経済的自立が一番の危機管理」

**今の激動の時代では、災害・金融危機・戦争などが繰り返されるので、収入を失う恐れや、資産が減る恐れを持つことが多くなります。**

**恐れという悪い感情が心を騒がせ、認識力を低下させ、意思・行動を悪い方向に向かわせ、使命から外れ、お金に支配されることになります。**

つまり、激動の時代は次の二極化が進むことになります。

・お金に支配される人（お金に依存する人・お金を目的にする人）

・経済的に自立し使命に進む人（天とともに歩む人）

使命に進む時に平安があり、恐れからも解放されます。

激動の時代では経済的自立が極めて大切で、使命に進むことは、まさしく経済的自立の方向です。

経済的自立とは、国や会社や親など誰かに依存するのではなく、自分で収益を得ることや収益を得る能力を持つことです。サラリーマンであっても、会社に依存するのではなく、会社に与える立場になり、会社が破綻しても困らない状況にすることです。そのような人こそが会社が一番望む人材です。

また、経済的自立とは、お金持ちになることを意味しません。

お金持ちでなくても経済的自立はできますし、お金持ちでも経済的自立をしていないことが多いのです。

例えば、お金によって自分の使命や信条をどんどん変えたり、科学者が研究費をもらうためにロジック破綻を容認してしまえば、経済的自立ができていないということです。

**経済的自立を目指すのではなく、お金を稼ぐことを目指すと、お金に支配され、お金の奴隷になり使命から外れていきます。**

**そして経済的に自立すると同時に、与えられているお金を正しく管理・運用・投資することも求められているのです。**

## 「お金の管理・運用・投資でテストされる」

お金を目的にしてはいけませんが、お金に無頓着なのもいけません。
お金に無頓着とは、管理能力がないことだからです。
お金を正しく管理・運用・投資することが求められています。

**7つの富をバランスよく拡大することが使命ですが、7つの富の中でもお金には特別の役割があります。**

**お金の奴隷になることなく、お金をきちんと管理・運用・投資するのには、品格・正しいマインドセット・知恵・バランス・実行力などを必要とします。**

**お金の扱い方は、富全体を、そして使命をきちんと管理できるかどうかのテストのようなものなので、極めて大切です。**

現在、持っている富が大きいか小さいかではなく、今持っているお金をきちんと管理することが大切です。小さいことに忠実であれば、大きいことにも忠実なので、大きいものを任されることになります。

**投資では儲けようと思う気持ちが強いほど利益にならない傾向がありますが、これは典型的なパラドックスであり、極めて象徴的です。**

**全ての人がお金の奴隷になることなく、お金をきちんと管理・運用・投資できるようになることを目指すのが大切です。**

**さらに激動の時代が進むと監視社会が進み、お金と連動するため、もっと高いリテラシーも求められていくでしょう。**

例えば、信用スコアが低い職業に就いたり、銀行口座残高が減ると信用スコアが減るので大きなお金を使うことができなくなったりと、気づいたら経済的自立とは反対に監視社会システムに隷属して使命から外れてしまうことになるからです。

**お金をきちんと管理・運用・投資することが、使命に進むこととセットになっていくのです。**

特に、金融には多くの混乱があるので、正しいお金・投資の知識を身につけることが大切です。

## 「大衆心理で投資してはいけない」

年金不足が明らかになっていることから、政府が国民に投資をすることを推奨しています。しかし、実践的知識がないまま投資をすることで、多くの人は富を拡大するどころか、あっという間に失うことにもなります。

**実は、日本の高度成長時代の長期右肩上がりの株式相場、つまり何十年も上昇している相場の中でも、買いで損をする人が多かったのです。**

大衆心理は常に損をする間違ったマインドセットです。9割の人は大衆心理、つまり間違ったマインドセットで、欲と恐怖で投資をします。相場は人々の「儲けたいという欲」と「損をしたくないという恐怖」で動くのです。

具体的には、急上昇する相場を見て「置いていかれたくない・儲けたいという欲」で買い、買ったところが天井となります。相場の天井は心理的に一番買いたくなるところなのです。

天井で買ってから急落すると、自分の判断ミスを認めたくないことから、また元の水準まで上昇して戻ると思って売らずに持っています。

少しは戻ったとしても再下落することになり、売ることができません。

下落相場の最後は急落です（セリングクライマックス）。そこでは「損をしたくないという恐怖」により急落のピークで売ることになります。大底で売ってしまうのです。

セリングクライマックス時の「損をする恐怖」は「死ぬことの恐怖」に近く、そこでやっと売ったところが大底なのです。**つまり、天井で買って大底で売るのです。**

それでは、長期間保有すればよいと、買って放置したとしても、１９９０年以降20年以上の長期下落相場では、ずっと損を増やすだけになりました。


**富を拡大するためには、正しいマインドセットと、実践的な知識が必要であることがこれだけでも分かります。**

**投資をすることで初めて自分の欲深さが分かる人は多く、投資が正しいマインドセットを身につける訓練になっています。**

## 「ほとんど全ての人が間違えている投資の勉強方法」

金融の世界は混乱がとても多く、ほとんど全ての人が間違ったことを正しいと思っています。

**投資の勉強をするために教科書を読み、ニュースやＷＥＢ上の情報を集めますが、これが大きな間違いです。**

このような勉強をして投資するとまず間違いなく大衆心理となり天井で買い、底で売ることになるからです。大衆心理は損をする間違ったマインドセットです。どうして間違ってしまうのかを具体的に解説します。

□教科書通りには動かない

教科書的な本は投資の基本を学ぶにはよいものの、書いてあることと反対に動くことが多いです。

**相場のロジックが時代やその時々で全く違うことが一番の要因です。**

本来、「景気が良いと株価が上昇する」がセオリーですが「株価を上昇させて景気を良くする」政策を長年続けてきました。不景気の株高といいます。

そのために景気指標が悪いと株価が上がることが多々ありますが、これは教科書とは反対の動きです。政府が景気対策を追加することを見越して株価が上昇するというロジックで、景気が悪くなると株が上がる現象です。その時々の状況に合わせた実践的な知識を身につけることが大切です。

また、それまで一番安全とされていた東京電力株が、原発事故により一瞬で一番危険な株になったようなこともあります。

### □ニュースは後出し

株が上昇・下落しているニュース解説は全て後出しです。内容が正しくても、後出しの解説はあまり役立ちませんし、解説が間違っていることも少なくありません。例えば、「新型コロナウイルスでテスラ株が下落」というニュースがありましたが、実際は、新型コロナウイルスで他の株が下落している中で急騰していた後の下落だったので新型コロナウイルスが原因ではありません。

また、記事は大衆心理によるものなので、新聞トップに大きな活字で「好決算続出」などと書かれた時が株価の天井、「株価下落止まらず」と書かれると株価の大底となることが多いです。

□情報が偏っている

日本では、投資やお金についての情報が金融機関寄りに偏っています。それは今まで、金融商品を買ってもらうための教育を金融機関主導で投資教育と呼んでいたからです。

日本人特有の、情報にお金を払わないことも原因の一つだと思います。

無料投資セミナーは、なぜ無料なのかを考える必要があります。

株が天井圏の時でも、20年以上の長期下落トレンドの時でも、常に買い推奨しかしないという基本的な偏りもあります。

中立といわれるFP（ファイナンシャルプランナー）の記事も、企業側からお金をもらっていることが多いので、本人は無意識でも企業寄りの記事になりがちです。

超低金利時代は長期に金利が固定される商品を避ける必要があるのですが、そのような商品を薦めるような記事も散見されます。

そもそも、中立ではなく顧客側に立った情報でなければ価値は低いです。

□投資のマインドセットが間違っている

一般の投資教育のマインドセット教育は、間違ったものになっていることが多いです。これは、世の中では一般的な間違ったマインドセットをもとに作られていることや、使命に基づく正しいマインドセットを知っても、今まで教えていたのとは正反対のことを教えるわけにはいかないという事情もありそうです。

□ウェブ情報の多くは大衆心理的

ウェブ情報は玉石混淆《こんこう》で、その多くは大衆心理によっています。そして、様々な情報を集めることで確実に大衆心理となり確信を持って間違えることになります。

**投資の本質を理解するには机上で学ぶのではなく、その時々の相場で実践的な解説を得ながら学ぶことが大切です。**

**現在は、特に世界の金融や社会システムの転換期でもあり、常識も変わっていくためにその時々の実践的な知恵が必須の時代です。**

## 「投資の王道」

投資の王道とは次の3つです。

**①正しいマインドセット**
**②相場の本質を理解する**
**③ローリスク・ハイリターンの時だけ取引**

それぞれ簡単に説明します。

①正しいマインドセット
使命に基づくマインドセットであり、自己責任・セルフコントロール・報道を信じないで自分の頭で考える・欲と悪い感情で取引しない、などがあります。

②相場の本質を理解する
相場の本質を理解するとは、相場がどのような動き方をするかを知ることです。正しい実践的な知識を学び、相場を理解することが大切です。

③ローリスク・ハイリターンの時だけ取引

一般的にローリスク・ハイリターンの投資はないといわれます。

確かに、ローリスク・ハイリターンのファンドなどは基本的にありません。

しかし、その時々の相場で、ローリスク・ハイリターンが狙える投資先があり、そこに投資するということです。

**ここでいう投資先とは、何かの金融商品ということではなく日本株の指数（日経225）、米国株の指数（ニューヨークダウ）・為替・金（ゴールド）・原油など流動性の高いものです。**

**激動の時代は流動性の低いものは投資対象外です。そして美味しい投資先は変化していきます。**

金融の世界では株価が天井圏でも長期下落トレンドでも、常に買い推奨なので、ご注意ください。

## 「その時々に一番美味しい投資をする」

金（ゴールド）が2001年春に約20年間の長期下落トレンドから反転する大底で、私は世界中の金鉱山株を買いました。

金鉱山株とは、金を産出する山を保有し金を採掘する会社の株のことです。

皆が金を見放し、誰も金のことを口にすることがない時で、そのような時が買い時のことが多いです。

株式相場が長期下落トレンドで、プロも含めて利益が出せない時、金の大底で買い、大きなトレンドに乗ることができました。

**金を買うのではなく金鉱山株を買ったのは、金価格が底から立ち上がる初動では、金より金鉱山株の方が大きく上昇するからです。**

実際に金鉱山株は買って半年で3倍から5倍も上昇したので売却し、金現物などに乗り換えました。その時、金自体は数割しか上昇していません。

金（ゴールド）の大底で買う対象は現物ではなく金鉱山株だったのです。

大底から半年で3倍から5倍になったあとは、金鉱山株より現物の方がパフォーマンスも良く安心感があるので、そこから買うのは金現物や金ＥＴＦ（上場投信）です。

このように、その時に一番美味しい相場が金（ゴールド）の時も最適な投資先は変化していきます。

大きな視点でも小さな視点でも、長期でも短期でもローリスク・ハイリターンの投資対象があるということです。

**富を拡大するために必要なことは大きなトレンドに乗ることであり、トレンドに乗ることは一番美味しい相場に投資することです。**

当時から資産の半分を金にしておくことを推奨してきたことで、それを実行した皆さんの資産は大きく増えています（当時の金価格は1グラム1000円程度でした）。

現在の金融の混乱状態から見ても今後、金がさらに注目されていくと思いますので、下落した時に買っておくとよいでしょう。

## 「大きなお金を受け取る器になる」

一般にお金持ちになりたいと思って、どうやって稼ぐかを考えますが、大事なことは、自分が大きなお金を受け取る器になることです。

大きな器には大きなお金が、小さな器には小さなお金が与えられるからです。

大きな使命には、大きなお金が必要なことがあり、大金を扱うことになります。

**大きなお金を扱う人ほど、自分の内面をしっかり磨き、大金を得るにふさわしい器になることが大切です。**

**磨かれた内面は、それ自体が大きな富の一つであり、お金はそこについてくるからです。**

そして「仕事は信用をお金に換えること」でもあります。

つまり、大きなお金を扱う人には、次の資質が必要となります。

- 自分の使命と使命の本質をしっかり理解している
- お金についての知恵と活用する能力と自制

・高い志（大きなビジョン）
・実現・達成できる能力があること（人の協力も含む）
・訓練ができている（器ができている）
・謙虚である・高慢にならない
・感謝の心を持つ
・混乱がない
・与える人である
・自己責任感が強い

これらができていない人が、何かの理由で身分不相応な大金を手にすると人生を破壊してしまったり、使命から外れる可能性が高いです。

大金を得ることが訓練（試練）ということもあります。

宝くじで高額当選した人の多くが、当選する前より貧乏になるといわれていますが、これと同じです。


**私たちは、まず自分自身が大きなお金を受け取る器になることが大切です。**

# 「与えるコミュニティ」

お金とは何かを説明する時に、物々交換から始まり、等価で交換するのが大変なので、お金が登場したとする説明が多いと思います。

しかし、最初は等価交換の意識は低かったと思います。財産を共有するコミュニティの意識が強いと、価値に開きがあっても交換したり無料であげたり、もらったりするということも多かったと思います。

鮮度が落ちて腐ってきたら価値がなくなってしまう魚は、交換相手を探し続けるより、人にあげた方が賢い選択です。

もらった人は、後日、別のもので返すことができますし、回りまわって返ってくればよいし「与える者は与えられる」という原則を日々実感できたのだと思います。

つまり、最初は財産を共有し協同生活するコミュニティになっていたのだと思います。

これは目指す世界のイメージの一つです。

**与えなさい。そうすれば、自分も与えられます。人々は量りをよくして、押しつけ、揺すり入れ、あふれるまでにして、ふところに入れてくれるでしょう。あなたがたは、人を量る量りで、自分も量り返してもらうからです。**

ルカ6・38

これは共産主義ではなく、与え合う家族のような使命的なコミュニティです。**コミュニティを構成する一人ひとりが自立し使命に進み、正しいマインドセットを身につけることで、理想のコミュニティができます。**

よくあるギバーズコミュニティとの違いは、動機が愛で、与えることです。見返りを求めるギブではなく、ただ与えるだけのコミュニティとも異なります。

「与える者は与えられる」という原則は、資産100億円超えの有名な投資家竹田和平《たけだわへい》(故人)さんも常に皆に伝えていた真理です。

**ばらまいても、なお富む人があり、正当な支払いを惜しんでも、かえって乏しくなる者がある。**

箴言11・24

# 「大金を失う意味を知る」

人生では、大きくお金を失うことがあります。

災害、投資や事業の失敗、盗難や詐欺、予想外の大きな出費、貸したお金が返ってこない、退職金が出なくなったなどの出来事です。

また、勤めていた優良企業が突然倒産したり、突然解雇になったりすることもあります。実際にリーマンショックとも呼ばれる金融危機では、優良な金融機関といわれていたリーマンブラザーズが突然破綻し、社員たちは無職になりました。他の金融機関でも部署ごとなくなったりして高学歴の超エリートたちの解雇が続き、ニューヨークでは高学歴の失業者が溢れました。日本でも外資系銀行に勤めていた優秀な知人たちの多くは職がなくなり、転職も困難な状況に陥りました。

何億円という投資資金がゼロになった人たちも多かったのです。

このような時には、大きな意味があります。

自分の人生の本当の目的・使命に向かって歩みだすきっかけになったり、お金を得ることを目的にして生きてきたことや、欲と恐れで投資をしてきたことへの警告になるかもしれません。

または、セルフコントロールを身につける訓練になる場合もあります。

大事なのは、辛い体験から学ぶことです。

これは、大金を払って受けたセミナーだと金銭的な痛みがあるのでしっかり学びますが、無料のセミナーだと痛みがないので身につかないのと似ています。

**しかし、多くの人は、試練に大切な意味があるとは思わず、何も変えないことから何度も同じような痛い目にあい、試練は続きます。**

**大金を失ったり、職がなくなったりした時は、そこから学ぶことが大切です。**

**真っ先に考えることは、自分の人生の目的・使命です。**

的外れな方向から使命の方向に進むために、試練があるからです。

次に考えることは、資産を守る正しいお金の知識を身につけることです。

## 「激動の時代は知識を得て準備した人に富が移動する」

激動の時代は、知識がなく準備していない人から知識を得て準備した人に、富が移動する時です。

**多くの人は、お金や投資の知識がなく準備をしていないので、激動時に、あっという間に富を失うことになります。**

**一方、知識を得て準備していた人は富を得ることになります。**

暴落で多くの人が損失を抱える一方で、しっかり利益にする人たちがいますし、そうなれるのです。

激動の時代は繰り返し災害、金融危機、戦争などが起きますので、投資でもその時の準備をしておくということが大切です。

具体的には金融危機で株が暴落する時に株を買っている人は、暴落により資産を失う一方で、暴落すると大きく利益になるポジションを持つ人にとっては大きな利益になります。

世の中が大変になった時に儲けようというスタンスではなく、世の中が大変になった時のためにヘッジをしておくスタンスが大事です。

保険のようなもので、株価下落によって保険金が支給されたという感覚です。

つまり、**激動の時代では資産防衛が最大の投資になるということです。**


また、暴落する前に株を売って現金化していた人は暴落後の底値で買うこともできます。

長期保有で有名なウォーレン・バフェットも天井で売って、底で買うことをやっています。

リーマンショック後の金融危機では、1000円した株が100円になることも当たり前のようにありました。

知識がなく準備していない人は大底では怖くて買えません。


**投資をしていない人も、長期のデフレの時期であれば金利がゼロでも銀行預金でよかったのですが、インフレとなるとそうはいきません。**

**大きなインフレがくると銀行にお金を置いておくことがリスクになります。**

**正しい知識を得て準備しておき富を拡大することも使命です。**

## 「ユダヤの歴史が世界と相場を動かす」

**ユダヤ（イスラエル）の歴史は、実は世界の歴史と強い関連があり、ユダヤにとって大事な転換点は世界の歴史や相場の転換点になることがあります。**

１９６７年６月７日はユダヤの歴史上、極めて大きな意味がある日となりました。第三次中東戦争でイスラエル軍が勝利し、流浪の民であったイスラエルがなんと約１９００年ぶりにエルサレム旧市街に戻ってきた記念すべき日になったのです。

歴史的転換点の翌日の１９６７年６月８日から、ユダヤそして世界にとって激動の時代が始まるはずが、実際は、その時には大きな変化はありませんでした。

聖書では天が何か特別な計画を実行に移す直前に置く空白期間、時計が一時的に止まっている期間として「40日」「40年」があります。

**そこで１９６７年６月８日の40年後、２００７年６月８日が激動の時代の開始日であると私は予測し「全ての投資を止めるように」警告しました。**

**まさしくその直後から日本株の指数（日経225）が天井を付けて下落を開始し、翌年にリーマンショック。そして大きな金融危機に至ったのです。**

2007年6月をピークとしてリーマンショックまでに、日本株の指数、日経225は3分の1も下落し、リーマンショック後に残り3分の2の下落となったのです。

さらに、2007年6月13日は米国債のピーク。金融の信用収縮の開始点でした。

ちょうど、2007年6月8日の直前、テレビ東京のコメンテーターとしてTV出演していた時でした。当時、日経225は1万8000円くらいの時。TVディレクターに7000円まで下落するとお伝えしていたのですが、他のコメンテーターたちは年末には2万円を超えるという方ばかりだったので本気で聞いてもらえませんでした。

しかし、そこから本当に7000円まで下落。驚かれてディレクターから連絡をいただきコメンテーターとして再び出演することになりました。

**このように、ユダヤの歴史や動向を見ていくことで、世界の経済動向や株などの相場動向を予測できる部分があるのです。**

## あなたを使命に導く言葉　9

一人ひとりに天の使命があり、その天命を楽しんで生きることが、
処世上の第一要件である

――渋沢栄一

# 10
# 激動の時代は使命に進むチャンス

## 「激動の時代は使命に進むチャンス」

激動の時代は、世界的に様々な災害・金融危機・戦争などがあります。特に最近は「観測史上初」「過去にない」「歴史的緊急事態」など、まさしく想定外の災害が多いです。

これらによって世界の一人ひとり、そして世界全体が使命の方向に進むことを促されているのです。

的外れな方向から的を射た方向に転換させるための、自己中心的な成功を求めてきた人が使命に進むための転換です。

**人は他人を幸せにすることで幸せを感じる生き物なので、自分だけの成功を目的にした人に真の幸せはありません。**

仕事でも、今までやってきた事業が突然できなくなったり、方向転換を迫られることが多くなります。

新型コロナウイルス騒動では、時短や在宅勤務を余儀なく採用されたことで、社員のパフォーマンスが明確になったり、一等地のビルに事務所を構える必要があるのかなど、業務全体の仕組みを見直す良いチャンスになりました。

東日本大震災などの大規模な災害も、それまで日本全体が進んでいた、的外れな方向から的を射た方向に転換させるための試練・訓練だという認識です。

震災の被害を受けた人が的外れなのではなく、日本全体が的外れだったための試練・訓練です。

その時も、多くの社長たちが日本を良くしたいという思いを持って様々な活動を開始したのです。

**激動の時代には、私たち一人ひとりが使命の方向に転換しない限り、何度も災害・金融危機・戦争などの試練があるのでしょう。**

## 「災害にはヒントがある」

災害には日本や世界の再生や転換のための気づき・学び・ヒントがあります。
これに気づかないと方向転換もなく同じ試練が繰り返されます。

東日本大震災の津波の後、養殖のカキ（牡蠣）が速いスピードで成長し、しかも美味しくなったという話を聞きました。

人間が自分の目先の利益を求めてカキに大量のエサ（餌）を与えたために、エサが堆積し酸素不足になり成長を妨げていた状態でしたが、津波が堆積したエサを取り除き、海が綺麗になりました。

その結果、カキの成長が速くなり、美味しくなったのです。

同時に陸に上がった堆積したエサは肥料となり、塩に強い玉ねぎやアスパラガスが育つようになりました。

ここから次のことを学ぶことができます。

①人間が自分たちの目先の利益を追求したことが反対に貧困を招いた

自己中心が貧困を招きます。

②自然と調和・共生すると豊かになる（共存共栄は繁栄）

自然を正しく管理することが人の使命です。

③災害には、再生に至るヒントがある

**元の状態に戻すのではなく、新しい創造をするヒントがあるということです。**

例えば、過疎化が進んでいる街が津波でなくなってしまった時に、同じ街をそこに作っても過疎化することに変わりはありません。

**被災地などに行く時は、都市部の考え方で判断するのではなく、そこから何を学ぶか、その地域をどのように再生すればよいのかという視点が大切です。**

激動の時代は、社会全体が使命の方向に転換を促されているという認識が必要です。

## 「試練の意味と価値を知る」

**試練といえば、乗り越えるものというイメージが強いですが、実際は試練の意味と価値を考え、理解することの方が重要です。**

試練には大きく5つのパターンがあります。基本的に試練は、私たちが的外れな方向から、正しい方向に向かうためのものが多いです。

大きな視点では方向転換とステップアップに分かれます。

1．原理原則・秩序を知るための試練（方向転換）

自分が行った好ましくない行為が原因で、大変な思いをしたという試練です。その結果、自然には秩序があることが分かるようになります。

例：他人のものを盗んだ場合、親から叱られ叩かれたように、もう二度と人のものを盗まないための試練（訓練）。

2．与えられている使命に戻すための試練（方向転換）

与えられている人生の目的・使命やそれにふさわしいあり方からずれている時に、使命に戻るために起こる試練です。

この結果、本来の方向やあり方に気づき、人生を修正するようになります。

例：お金を目的に事業をしていたが失敗して破産し、どうしようかと思っている時、使命を知るセミナーに出て、使命が分かり、その後爆発的に成功に導かれた。

3．天を知るための試練（方向転換）

自分本位な生き方、つまり「自分の力に頼る」「修行して自分を高めていこうとする」「自堕落」「お金を目的にする」などをしていることから遭遇する試練です。

この結果、目に見えないものに気づかされ、自分の力を超えた天の存在や、天を信頼することなどを理解するようになります。

例：頑張って努力したもののうまくいかず、日々の食べ物にも困った時、なぜか毎日隣人がお米や野菜を持って訪れてくれたことで天を信頼することを学んだ。

実際にこのような体験をした人に何人も、お会いしました。

4．人格を整えるための試練（ステップアップ）
人格を使命にふさわしく成長させるための試練です。
一見ガラスのクズのようなダイヤモンド原石が、カットされ研磨され光り輝くダイヤモンドとなるように、使命を果たすために必要な人格へと整えられます。

例：結婚のような、他人との関係作りでは、忍耐することも多いですが、それは人として練られるために必要であり、品性を練ること自体も使命の一部です。

5．握っているものを手放し、もっと良いものを摑むための試練（ステップアップ）
現状にとどまり、次の段階に進もうとしないために起こる試練です。あなたにさらに良いものを与えるため、それまで持っていたものが取り上げられます。
この結果、人生がより良いものに変わったことに気づきます。

例：サラリーマンとして、充実した人生を送っていたが、その部署が撤退して、独立することになり、結果的に大成功。

いくつかの意味が重なっていることもありますが、このように試練には、人を方向転換させたり、ステップアップさせる意味と価値があるのです。

**そして、その意味と価値が分かることで試練は最短で通過することができます。**

ちなみに、試練は個人や会社だけではなく地域や国レベルでもあります。

激動の時代は、人類一人ひとり、そして国にとっても、使命の方向に転換するための試練なのでしょう。

**たとえ死の陰の谷を歩むとしても私はわざわいを恐れません。あなた（天）がともにおられますから。**

詩篇23・4

# 恐れてはいけない

激動の時代には次の3つが起きます。

1. 想定外の災害
2. 金融危機
3. 戦争

**災害にあったり試練にあうと人は不安になり恐れますが、恐れてはいけません。**

恐れを解消するには次のことが大切です。

・知識を得ること
　自分の使命と使命の本質を知ること
　試練の意味と価値を知ること
　想定外の災害が多発すると知っておくこと
・準備しておくこと
・天とともに歩むこと

恐れるな。わたしはあなたとともにいる。たじろぐな。わたしがあなたの神だから。わたしはあなたを強くし、あなたを助け、わたしの義の右の手で、あなたを守る。

イザヤ41・10

喜んでいる状態が人の本来の状態です。

脳は喜んでいる時に恐れを同時に持つことができません。

人は恐れると免疫力が低下しますし、本来の姿から外れていけばいくほど、辛くなっていきます。

本来の姿とは使命に進むことです。


**使命に進むことで恐れから解放されることになります。**

## 「大人になる」

自立する、主体性を持つ、自分で責任を負う、これらは大人になるということです。正しいマインドセットは成熟した大人になる基本です。

**例えば新型ウイルス拡大などの不安や恐れがあると誰かを非難したり、攻撃的になりマインドセットは悪化します。**

そして国に対して緊急事態宣言や都市封鎖をするのが遅いと非難したりします。しかし、日本は戦後、緊急事態に対応するシステムがないも同然で、法律も体制もなかったのです。

法律的には、都市封鎖に伴う被害について国が免責される法律がないことから準備や検討が必要でした。国家賠償請求訴訟の嵐になっても困ります。

体制的には都市封鎖するには通常業務を続けるもの、続けないものの線引きを考えることも必要ですが、今まで考えたこともありません。

病院・警察・消防は通常業務と判断できても、ゴミ回収・交通機関・税務署はどうするか？　都市封鎖中に働く人たちには特別手当を出すのか？　休んでいる人と同じ待遇でよいのか？　資格試験・各種免許等の更新はどうなるか？　病気のオンライン診断はどうするのか？　考えていくとキリがありません。

一旦、業務停止にしてしまうと後から必要となっても対応できないので、事前に綿密な検討が必要です。

今まで、考えたことがないことばかりなので都市封鎖にも時間が必要です。

国に対して「批判や攻撃をする」より、相手の立場、つまり総理大臣の立場で総合的に考え、「具体的な政策の提言をする」という視点が大切です。

あちらを立てれば、こちらが立たず、バランスが必要な政治の世界で総合的に考えて、より良い対策を自分の頭で考えてみることです。

批判しかできないのは子供であり、相手の立場になって提言するのが大人です。

**災害・金融危機・戦争は、人や国が、何かに依存している子供ではなく、自立した大人になるための訓練なのでしょう。**

# 「真理は人を自由にする・人を励まし建て上げる」

**本書は、「真理は人を自由にする」という概念と「人を励まし建て上げる」という概念の両方の視点から書かれています。**

**「真理は人を自由にする」は、例えば使命の本質を知ることで間違った成功概念の中で迷走していた状態から自由になり、解放されることです。**

これは国会図書館法の前文にも書かれている概念です。「真理がわれらを自由にするという確信に立つて、憲法の誓約する日本の民主化と世界平和とに寄与することを使命として、ここに設立される」

あなたがたは真理を知り、真理はあなたがたを自由にします。

ヨハネ8・32

ただし、「真理」だけだと、他人の間違いを裁くことにもなるので、「人を励まし建て上げる」が必要になります。

人を建て上げるとは正しい方向に成長させるということであり、人を励ますことでサポートし、正しい方向に育てるということです。

ちなみに、「人を励まし建て上げる」だけで、真理が抜けると、間違った方向に進んでしまうことにもなりますので、この両輪が必要となります。

**「真理」と「人を励ます」が組み合わさることで、人は飛躍できるようになります。**

# 「役割から使命を知る」

2章では性格から使命の方向を知る方法を書きました。性格の次は役割です。**世の中には、性格分析という概念はありますが、役割分析というものは見かけませんし、役割という概念も希薄です。**

**しかし、役割は使命の一つ手前のものであり、とても大事な概念です。**

人の役割には次のようなものがあります。会社の中で、どのような職に向くかについても、このタイプ分けが役に立ちます。

□開拓者タイプ　突破口を開ける

今まで誰もやってこなかった分野を切り開く

古くなっているものを新しいものに変革する

□助言者タイプ

高い視点、全体的な視点、本質的な視点で主に開拓者に対してアドバイスをする

鋭い分析と直感力で相手が気づかないことを気づかせる

□伝道者タイプ
良いものを多くの人に伝える
人と人との間をつなぐ

□応援者タイプ
人を励まし、癒やし、助ける
人に寄り添い、支える

□司書タイプ
高い事務処理能力を活かして人々の暮らしを支える
研究やモノづくり、物事の真実を明らかにすることなどを通じて、人々の生活を良いものにする

**使命はまず、方向性を定めることが大切であり、その基本に役割もあります。**

## あなたを使命に導く言葉　10

人間にそれぞれ異なった持ち味、特質が与えられているということは、いいかえれば、人はみな異なった仕事をし、異なった生き方をするように運命づけられているのだとも考えられます。

さまざまな仕事をしていくにふさわしい天分、使命が、それぞれの人に与えられている、ということだと思うのです。

――松下幸之助

# あとがき

## 「創造的な日本文化が世界を変える」

「もったいない」という言葉は外国語に訳せない日本語だけの言葉であり、サステイナブルであることから世界の共通語になっています。

「MOTTAINAI」が世界で使われているのです。

**日本文化には素晴らしいものがあるものの、日本人には当たり前になっているために気づいてないことが沢山あります。**

中国の深圳《シンセン》はシリコンバレーを抜いてIT分野では最先端の街ともいわれていますが、深圳の若者が「ほとんどの分野で日本に勝っているが、唯一負けているのが創造性だ」と言っていたという話を聞きました。

ハリウッドの映画監督たちは、時代の流れに敏感で、「世界の文化の中心が今後アジアに移動しようとしている。そして、アジアの文化の中心は日本であり、自分たちは日本に移動したい」と言っているという話も聞きました。

アップル社のアイフォーンは、日本文化と日本食に心酔していたスティーブ・ジョブズが日本文化のシンプルさを製品に落とし込めたことから大ヒットになりました。

日本食は四季を楽しみ、花や茶ともつながる文化であり、世界で一番人気です。

米国の食事は、一年中ハンバーガー・ステーキ・ピザの3つのローテーションになりがちです。他国もそれぞれメニューは違うものの毎日、同じようなものを食べています。

しかし、日本食は日本文化の一つになっていて季節ごとに食材が変わっていきます。そして食材の彩りや様々な器とのバランスを目でも楽しむものであり、作法もあります。

日本には四季があり、一年間を72に分け、5日ごとに季節が変わっていきます。旬の食べ物が5日ごとに変化していくのです。

旬の食べ物は、美味しく、栄養価が高く、健康的で、安価です。これは自然との調和です。夏にしかとれない野菜を冬に食べるという概念はありません。

**使命は自然を正しく管理することなので、日本食は使命的です。**

日本食が世界で一番人気として注目され、日本文化も世界に注目されはじめているのは、今までの経済を動かしてきた欧米的社会システムが行き詰まり、その突破口を無意識に日本文化に求めているからかもしれません。

共産主義が崩壊し、資本主義も崩壊を始めて、世界は次の社会システムを求めています。

日本的文化と欧米的文化には次のような違いがあり、もともとの日本文化は使命的です。

□日本文化
○共存共栄
○利他の精神
○和をもって貴しとなす
○使命に生きる
○天に生かされている
○自然との調和
○使命的

□欧米文化
×弱肉強食
×自己中心
×正義という名の戦争
×真理を自分の成功に使う
×自分の力で勝ち取る
×自然を支配
×自己中心的な自己実現

日本は、本来の文化を取り戻し、行き詰まった社会システムを使命的な社会システムに移行することを促されているのだと思います。

そして日本人の使命は、日本文化を世界に発信していくことだと考えています。

日本文化の考え方、つまり「共存共栄」「利他の精神」「和をもって貴しとなす」などの平和的考え、そしてその基となる使命の本質を世界に発信し平和を創り出していくことが大切です。

自分のことは自分が一番分からないもので、日本人は自分たちの良さを理解していません。日本人が日本文化の良さを本当に分かった時、日本と世界が良い方向に変わっていくのでしょう。今は、歴史の転換点なのです。

使命は、突破口を開く大事なキーです。

欧米が自分の文化だと思っていた聖書の文化が実はそうではなく、日本文化が本来の聖書の文化であり突破口だと分かった時、世界的な真のイノベーションが始まります。

**あなたが使命に目覚め、正しいマインドセットを身につけることが、次の時代の幕開けとなります。**

**鳥肌が立つような大きな「使命」という富があなたの目の前にあるのです。**

**本書は深いことを、さらりと書いた部分も多いので繰り返しお読みください。何度読んでも新しい発見があると思います。**

# 「特典・使命拡大のチーム募集」

お読みいただきありがとうございます。
まだまだ書ききれなかったことは山のようにありますが、基本的な使命の全体像は網羅しました。本を最後まで読む人は少ないといわれますので、ここを読んでいらっしゃる、あなたは選ばれた人といってもよいのでしょう。

あなたが自分の使命を知り、使命の本質を理解することで、あなたと、あなたの周り、そして日本と世界を良い方向に変革していくことが私の使命です。

そして、それは、あなたの使命です。
真のイノベーションは日本から始まると思っています。

**使命は単なる精神論ではなく、具体的に世の中に変革を起こす考え方と行動に至るものなので、使命への志の高い方々と一緒に使命を拡大していければと思います。**

使命の概念を広めていくことが使命だと思う方、次のような志のある方は是非、一緒に使命拡大のチームを創っていきましょう。

□使命を拡大する仕事・プロジェクトをしたい
□7つの富を使命のために使いたい
□何か手伝いたい
□使命に進みたい

**特典サイトに次のような案内をまとめましたので、ご活用ください。**
**①書籍に書ききれなかった内容（役割分析含む）**
**②誰も言っていない大事な話（投資含む）**
**③使命拡大のチーム募集について**
**④特典動画・最新の記事等**
**書籍特典サイト　www.real-mission.com　「リアル　ミッション　ドットコム」で検索**

小さな一歩が、あなたと世界に飛躍をもたらします。

巻末付録

# 4つの性格タイプの特徴

4つの性格タイプが、使命の方向性を知るにもチームのコミュニケーションにも役立ちます。自分の性格タイプだけではなく周りの人の性格タイプも確認してみてください。

性格ドットコム
www.seikaku.com/

# 獅子タイプの特徴

○仕事に活かせる特質……………外交力&行動力
○やりがいを感じるポイント……交流すること
獅子タイプは、「社交型」「外交型」です。

獅子は、百獣の王なので、権力と威厳を持つ王の性格を表しています。

行動力があって、人と交わること、人に囲まれること、人と関わることに、とてもやりがいを感じるタイプです。

人との出会いを楽しめる外交力と、自由自在に動ける行動力で、リーダーシップを発揮しやすい特徴があります。


人と人をつないで、円滑にケアできるので、使命という切り口から見ると、プロジェクトを動かす力があり、多くの人に囲まれる仕事に向いています。

□獅子タイプの注意点

面倒見が良いタイプゆえ、周りに多くの人を必要とするため、人に囲まれていない孤独の中では、能力を発揮しづらい特徴があります。

また、大きなプロジェクトや仕組みではなく、小さな部屋でコツコツ進める仕事には不向きな傾向があります。

自由にやっていいと言われると能力を発揮する一方で、期限を守ることや、計画通りに進めることはあまり得意ではありません。

特に、同じことを繰り返す作業には、イライラするため向きません。

会社員の場合ですと、トップになる素質があるけれども、その前に必要があることをやる、必要があることをやらなければいけない時期があるということです。

地道なことを飛ばす傾向があるため、地道なこともやりながら昇っていく必要があります。

# 雄牛タイプの特徴

○仕事に活かせる特質…………集中力＆持続力
○やりがいを感じるポイント……達成すること

雄牛タイプは、集中力と持続力がある「目的志向型」です。

雄牛は、力強さと忍耐強さを兼ね備えているので、直接、人の役に立ち、人のために生きる目的を持っています。


目標・目的を達成することにやりがいを感じ、群れを作って一丸となって目標・目的に邁進《まいしん》するタイプなので、小さな目標、大きな目標、目先の目標を立てて、コツコツクリアして達成することに喜びを感じます。

素晴らしい集中力で、反復・継続・単純作業でも、達成すると一段階レベルが上がるようなものに、やりがいを感じます。

自分の人生を目的達成のために捧げ仕えるという概念が強く、真面目でコツコツわき目も振らずに進み、達成力があるので、会社の中では、縁の下の力持ちといったナンバー2的存在になっていることも多いです。

□雄牛タイプの注意点

一つのことを、確実にやっていくタイプなので、多くのプロジェクトを同時並行して進めることや、変化に柔軟に対応することは、あまり得意ではありません。

また、目標と手段が入れ替わりやすく、目指すべきではない、間違った目標を持たされることがあります。

特に、最初の目標設定を間違えることがあるため注意が必要です。間違った目標に進むことがあるため、良い人間関係の中にとどまり、孤立しないことが大切です。

良き仲間や適切なアドバイザーがいるとよいでしょう。

# 人タイプの特徴

○仕事に活かせる特質…………洞察力＆表現力
○やりがいを感じるポイント……探求すること

人タイプは、洞察力と表現力が豊かで、探求する「内省型」です。

人（人間）は、動物よりも複雑な存在ですので、自分の内側を深く探り、思い巡らすことにより、自身の内面の向上を求めます。

洞察力と探究心があり、極めることが得意なため、感受性が豊かで、相手の気持ちをよく理解する能力があります。

他のタイプ（動物）とは異なり、自分自身を洞察する能力があり、世界を意識し、他人を意識し、自分を意識する魂を持っています。

仕事としては、繊細な表現が求められるクリエイティブ系に多く、学者、カウンセラーなど、人の深い内面を探ることに向いています。

また、些細なサインを見逃さず、本質や意味に気づき、大きく開花させる能力があるので、大きなプロジェクトでも、最後まで気にかけることができるタイプです。

□人タイプの注意点

心の弱さを意識し、弱さに目を向けさせられるため、些細なことにも罪悪感を持たされ、後悔の念に縛られることがあります。

また、相手の気持ちが分かりすぎることがあり、相手が悲しんでいると、同時に自分も悲しくなる性格です。

両者とも落ちていくことを避けるため、線を引く必要があります。

自分以外の対象に目を向けるために、読書をするとよいでしょう。

それも本質的なことが書かれていて、自分の軸になるような本を読むことがお勧めです。

# 鷲タイプの特徴

○仕事に活かせる特質…………把握力&分析力
○やりがいを感じるポイント……期待すること

鷲タイプは、高い視点で見る「鳥瞰」型です。
鷲は群れることをせず、天と地の間を高く飛ぶ孤高の存在です。

大きなスケールで捉える洞察力と、本質を見抜く分析力があり、高い視点から物事を見て、全体を把握する能力があります。

相場や流行、世の中がどう動いていくかを見極めるのが得意なので、仕事としては、アナリスト、コンサルタントなどに向いています。

状況を瞬時に理解し、判断する能力が必要なパイロットや、鳥瞰的に見るという意味では、会社の経営者などもよいでしょう。

高い視点で物事を見ていて、他の人が手を付けていないことをするのが得意なタイプです。

□鷲タイプの注意点

高い視点を下げる必要が出てくると、視野が狭くなり、展望が閉ざされることがあります。

大きなところを見ていても、小さいところは見ていないため、場合によっては、小さい視点でも見るなどの融通性が必要になってきます。

うまくいかない点にのみ目を向けさせられるとうつ的になったり、高く飛びすぎて厭世《えんせい》的になったりして、ターゲットが分からなくなることもあります。

自分の視点が高くから見渡していることを自覚していて、他タイプの視点が稚拙に感じられてしまうこともあるため、高慢にならないように注意が必要です。

## ■参考文献


『ヒトデはクモよりなぜ強い』オリ・ブラフマン／ロッド・A・ベックストローム、日経BP
『LIFE SHIFT（ライフ・シフト）』リンダ・グラットン／アンドリュー・スコット、東洋経済新報社
『WHYから始めよ！　インスパイア型リーダーはここが違う』サイモン・シネック、日本経済新聞出版社
『生きていくあなたへ　105歳　どうしても遺したかった言葉』日野原重明、幻冬舎
『聖書　新改訳2017』新日本聖書刊行会（翻訳）、いのちのことば社
『ドラッカー　365の金言』P・F・ドラッカー、ダイヤモンド社
『プロフェッショナルの条件　いかに成果をあげ、成長するか』P・F・ドラッカー、ダイヤモンド社
『サーバントであれ　奉仕して導く、リーダーの生き方』ロバート・K・グリーンリーフ、英治出版
『ユートピアの崩壊　ナウル共和国─世界一裕福な島国が最貧国に転落するまで』リュック・フォリエ、新泉社

**Profile**

## 松島　修（まつしま・おさむ）

1960年東京生まれ。

1983年法政大学工学部電気工学科卒業後、岩崎通信機（株）入社。

1990年岩崎通信機（株）を円満退職し独立、エフピーネット設立。

1994年エフピーネット法人化、代表取締役に就任。

エフピーネット株式会社は日本で有数の顧客数を誇る投資助言会社。

投資助言・代理業 関東財務局長（金商）第1898号。

使命に基づく帝王学・経営コンサルティング・大手一部上場企業への研修などを行っている。

金融危機前の相場のピークを予測し「全ての投資を止める時」と事前に警告。

東日本大震災の40日前に大地震が近いと判断し具体的な防災策を提起したメルマガ（イーグルフライ他）数万通を発行。

投資、使命についての第一人者として、「日経新聞」「日経マネー」「GQ」などの紙媒体や、テレビ東京「クロージング・ベル」「E morning」などマスコミに数多く取り上げられる。

使命は顧客の真の富を拡大すること。

実務家・インベストメントアドバイザー。

FP（ファイナンシャルプランナー）の上級資格CFP保有。元CFP試験問題作成委員。

ベストセラー作家。

著書:『王様マインドと奴隷マインド』（サンマーク出版）アマゾン総合1位
『人生が変わる「王様思考」』（サンマーク文庫）文庫化で上記をタイトル変更
他全5冊
講座:MISSIONコーチング オンライン講座（サロン）

リアル インテリジェンス（無料メルマガ・投資プラットフォーム）他
イーグルフライ（投資サロン）

「7つの富®」「第3の豊かさ®」「使命経営®」は、
エフピーネット株式会社の登録商標です。

ビジネスと人生に飛躍をもたらす

# 使命の本質

2020年8月25日　第1刷発行

著　者　松島 修
発行人　見城 徹
編集人　福島広司
編集者　木田明理

発行所　株式会社 幻冬舎
〒151-0051 東京都渋谷区千駄ヶ谷4-9-7
電話 03(5411)6211(編集)
03(5411)6222(営業)
振替 00120-8-767643

印刷・製本所　株式会社 光邦

検印廃止


Printed in Japan
ISBN978-4-344-03666-6 C0095
幻冬舎ホームページアドレス https://www.gentosha.co.jp/

この本に関するご意見・ご感想をメールでお寄せいただく場合は、
comment@gentosha.co.jpまで。